EDUARDO GABRIEL SAAD

CURSO DE DIREITO PROCESSUAL DO TRABALHO

3ª PARTE
PRÁTICA PROCESSUAL

7ª Edição

Revista, Atualizada e Ampliada por

JOSÉ EDUARDO DUARTE SAAD
*Advogado, Professor, ex-Procurador Chefe do Ministério Público do Trabalho em São Paulo,
ex-Assessor Jurídico de Ministro do Supremo Tribunal Federal.
Membro do Instituto dos Advogados de São Paulo.
e-mail: jesaad@saadadvocacia.com.br*

ANA MARIA SAAD CASTELLO BRANCO
Advogada, Consultiva e Contenciosa, na Área Civil e Trabalhista.

EDITORA LTDA.
© Todos os direitos reservados

Rua Jaguaribe, 571
CEP 01224-001
São Paulo, SP – Brasil
Fone (11) 2167-1101
www.ltr.com.br

LTr 4978.7
Fevereiro, 2014

Dados Internacionais de Catalogação na Publicação (CIP)
(Câmara Brasileira do Livro, SP, Brasil)

Saad, Eduardo Gabriel
    Curso de direito processual do trabalho / Eduardo Gabriel Saad. -- 7. ed. rev., atual. e ampl. por José Eduardo Saad e Ana Maria Saad Castello Branco. -- São Paulo : LTr, 2014.

    Bibliografia.

    ISBN 978-85-361-2862-7

    1. Direito do trabalho 2. Direito do trabalho - Brasil 3. Direito processual do trabalho - Brasil I. Saad, José Eduardo Duarte. II. Castello Branco, Ana Maria Saad. III. Título.

14-01389   CDU-347.9:331(81)

Índice para catálogo sistemático:
1. Brasil : Processo trabalhista : Direito do trabalho   347.9:331(81)

Índice

3ª PARTE
PRÁTICA PROCESSUAL – MODELOS

374. Alerta ao Leitor 891

Capítulo XXXIII
Representação das Partes

375. Advogados e Procurações 893
376. Contrato de Honorários 893
377. Renúncia do Advogado 895

Capítulo XXXIV
Das Comissões de Conciliação Prévia

378. Formulação da Reclamação 896
379. Ata da Reunião da Comissão de Conciliação Prévia 896
380. Termo de Conciliação 896
381. Declaração de Frustrada Conciliação 897

Capítulo XXXV
Petição Inicial

382. Do Caso de Despedida sem Motivo Justo 898
383. Do Caso de Despedida de Empregado-Dirigente Sindical 899
   383.1. Dispensa Justificada de Dirigente Sindical 900
384. Da Reclamação de Empregada Gestante Dispensada sem Motivo Justo 900
385. Da Reclamação de Empregado Dispensado na volta ao Serviço depois de um Acidente do Trabalho ... 901
386. Da Reclamação do Diretor-Empregado 902
387. Da Reclamação do Representante Comercial 903
388. Reclamação por Equiparação Salarial 904
389. Requerimento de Inquérito para Apuração de Falta Grave 905
390. Correção de Erro Grave da Petição Inicial 905
   390.1 Antecipação da Tutela 906
   390.2. Liminar de Reintegração de Dirigente Sindical 906
   390.3. Desistência da Ação – Petição de acordo 907
391. Julgamento Antecipado da Lide 907
392. Reclamação Trabalhista e Falência do Empregador 908
393. Concessão de Liminar em Transferência de Empregado 908
394. Notificação por Mandado 909
395. Notificação por Edital 909
396. Conflito de Competência 909

Capítulo XXXVI
Da Defesa do Reclamado

397. Reclamação de Horas Extras 910
398. Carta de Preposto 910
399. Defesa e Arguição de Exceção 910
400. Defesa e Reconvenção 911

401.	Carência de Ação	912
402.	Impugnação do Valor da Causa	912
403.	Ilegitimidade da Substituição Processual	912
404.	Defesa e Prescrição	913
405.	Defesa e Decadência	913
406.	Reclamação sobre Anotação de Carteira de Trabalho na Superintendência Regional do Trabalho e Emprego (ex-DRT)	914
407.	Defesa em Reclamação de Anotação na Carteira de Trabalho na Superintendência Regional do Trabalho e Emprego (ex-DRT)	914
408.	Defesa em Reclamação na Justiça do Trabalho sobre Falta de Anotação na Carteira de Trabalho	915
409.	Adicional de Insalubridade e Revisão da Sentença	915
410.	Defesa e Compensação	916
411.	Conciliação	916

Capítulo XXXVII
Da Prova

412.	Retratação da Confissão	917
413.	Carta Precatória de Testemunhas	917
414.	Contradita da Testemunha	918
415.	Substituição de Testemunhas	918
416.	Produção Antecipada da Prova Testemunhal	918
417.	Perícia Antecipada	918
418.	Incidente de Falsidade	919
419.	Perícia	919
420.	Honorários Periciais	920
421.	Pagamento de Honorários de Perito	920
	421.1. Litigante de Má-Fé	920

Capítulo XXXVIII
Trâmites Finais do Processo de Conhecimento

422.	Razões Finais	921
423.	Embargos de Declaração	921

Capítulo XXXIX
Dissídio Coletivo

424.	Representação para Instauração de Instância do Dissídio Coletivo	922
425.	Defesa do Sindicato Patronal no Dissídio Coletivo	923
426.	Recurso no Processo de Dissídio Coletivo	924
427.	Pedido de Efeito Suspensivo do Recurso no Dissídio Coletivo	924
428.	Ação de Cumprimento	925
429.	Da Oposição no Dissídio Coletivo	925
430.	Embargos Infringentes	926
	430.1. Embargos de Declaração em Processo de Dissídio Coletivo	926

Capítulo XL
Dos Recursos no Processo Individual

431.	Recurso Ordinário	927
	431.1. Recurso Ordinário Adesivo	928
432.	Recurso de Revista	928
433.	Agravo de Instrumento	929
434.	Embargos	930
435.	Agravo Regimental	931
436.	Recurso Extraordinário	932

Capítulo XLI
Liquidação da Sentença por Cálculo

437.	Liquidação da Sentença	933
438.	Liquidação da Sentença por Cálculo do Contador	933

439.	Liquidação da Sentença por Arbitramento	933
440.	Liquidação da Sentença por Artigos	934
441.	Impugnação das Contas de Liquidação da Sentença	934
442.	Aceitação da Conta de Liquidação pelo Reclamado	934

Capítulo XLII
Da Execução

443.	Da Execução Provisória	935
444.	Execução por Quantia Certa	935
445.	Nomeação de Bens à Penhora	935
446.	Impugnação da Nomeação de Bens à Penhora	936
447.	Ampliação da Penhora	936
448.	Carta Precatória e Penhora	936
	448.1. Desistência da Execução	936
449.	Embargos à Execução	937
450.	Agravo de Petição	937
451.	Da Adjudicação	938
452.	Da Remição	938
453.	Embargos de Terceiro	939
454.	Nova Avaliação dos Bens Penhorados	939
455.	Suspeição do Avaliador	940

Capítulo XLIII
Medidas Cautelares

456.	Arresto	941
457.	Contestação do Pedido de Arresto	941
458.	Sequestro	942
459.	Caução	942
460.	Busca e Apreensão	943
461.	Exibição	943
462.	Justificação	944
463.	Protesto	944
464.	Notificação	944
465.	Interpelação	945
466.	Atentado	945

Capítulo XLIV
Procedimentos Especiais

467.	Ação Declaratória	946
468.	Ação Declaratória Incidental	946
469.	Ação de Consignação em Pagamento	947
	469.1. Consignação Extrajudicial em Pagamento	947
470.	Ação de Prestação de Contas	948
471.	Ação Possessória	948
472.	Mandado de Segurança Individual	949
473.	Mandado de Segurança Coletivo	949
474.	*Habeas Data*	950
475.	Mandado de Injunção	950
476.	*Habeas Corpus*	951
477.	Ação Rescisória	951

Índice Analítico e Remissivo 955

3ª Parte

Prática Processual

Modelos

374. Alerta ao Leitor

Como deixamos registrado no prefácio, moveu-nos, na redação destas páginas, o propósito de oferecer ao leitor (principalmente aos estudantes de direito e aos advogados em geral) uma visão bem objetiva do direito processual do trabalho sem o acompanhamento de longas digressões sobre o passado da matéria, de fartas citações de autores nacionais e estrangeiros e de extensas explanações tendo por objeto as controvérsias doutrinárias.

Com linguagem despojada, manifestamos nosso pensamento e não nos furtamos a emitir opinião em face das questões ainda polêmicas (ainda em bom número) do direito processual do trabalho.

Pautando dessa maneira nossa conduta no preparo da obra, quisemos – em verdade – transmitir, a quem nos honrar com a leitura deste livro, o que pensamos sobre cada ponto de todo o nosso direito processual do trabalho.

É claro que esse amor à síntese e à objetividade não foi levado a extremos perigosos, como, por exemplo, o de opinar sobre um tema sem alinhar os argumentos em que nos apoiamos.

Na primeira parte, passamos em revista toda a matéria sob o prisma teórico e, aqui, damos início à prática processual consistente numa série de modelos de petições.

Em cada um desses modelos, fazemos remissão ao respectivo item da 1ª Parte (a teórica). Acreditamos que, desse modo, o leitor não só poderá conhecer os fundamentos legais e teóricos do modelo, como também verificar por que motivo o inserimos na obra.

CAPÍTULO XXXIII
Representação das Partes

375. Advogados e Procurações

Procuração

BELARMINO DOS ANJOS, brasileiro, maior, casado, industriário, portador do RG 2.905.323 SSP-SP e inscrito no CPF/MF sob o n. 153.025.158-30, residente e domiciliado na cidade de Santos, Estado de São Paulo, à Avenida das Flores n. 123, CEP 01234-000, pelo presente instrumento particular de procuração, nomeia e constitui seu bastante procurador JOSIAS FARGUEIRO, brasileiro, casado, advogado, inscrito na OAB sob n. 11.680, seção do Estado de São Paulo, com escritório à Rua dos Franceses, n. 30, Bela Vista, CEP 01329-010, nesta Capital de São Paulo, outorgando-lhes poderes para o foro em geral, com a cláusula "ad judicia et extra", em qualquer Juízo, Instância ou Tribunal, podendo propor contra quem de direito as ações competentes e defendê-lo nas contrárias, seguindo umas e outras, até final decisão, usando os recursos legais e acompanhando-os, conferindo-lhes, ainda, poderes especiais para confessar, desistir, transigir, firmar compromissos ou acordos, receber e dar quitação, podendo requerer abertura de inquérito, fazer representação, tudo na forma prescrita em lei, podendo, ainda, substabelecer esta em outrem, com reservas, sempre, de iguais poderes, dando tudo por bom e valioso, inclusive para ajuizar as medidas cautelares pertinentes, impetrar mandado de segurança e requerer liminares contra autoridade pública apontada como coatora.

Local, data e assinatura do outorgante

Substabelecimento

Substabeleço, com reserva de iguais poderes para mim (ou sem reserva), nas pessoas de Eduardo Hassan, brasileiro, solteiro, advogado inscrito na OAB, seção de S. Paulo, sob n. 45.897, com escritório à Rua Amazonas n. 87, 1º andar, os poderes que me foram outorgados por Belarmino dos Anjos, conforme procuração juntada nos autos do processo n. 956/08, na 23ª Vara do Trabalho de São Paulo.

Local, data e assinatura do outorgante

Notas: 1) V. item 62.

2) A procuração pode ser dada por instrumento particular ou público.

3) Não há necessidade de reconhecimento de firma.

4) Mandato verbal é a declaração da parte, em audiência, de que é seu defensor o advogado que o acompanha no momento. Constando da ata de que o advogado recebe poderes para praticar todos os atos necessários ao bom desempenho do mandato, o advogado fica credenciado a atuar no processo, desde a primeira até a última instância.

5) O substabelecimento não pode ter data anterior à da Procuração.

6) A ação rescisória e o mandado de segurança precisam de procuração com poderes específicos conforme jurisprudência do TST.

376. Contrato de Honorários

Parte introdutória no caso de advogar para o reclamante:

Contrato de honorários advocatícios que celebram entre si, de um lado, como advogado, o doutor JOSIAS FARGUEIRO, doravante denominado CONTRATADO, brasileiro, casado, portador da OAB/SP n. 999999, inscrito no CPF/MF sob o n. 999.999.999-99, com escritório à Rua dos Franceses, 30, e do outro, BELARMINO DOS ANJOS, doravante denominado CONTRATADO, brasileiro, casado, RG SSP/SP n. 88.888.888-8, CPF/MF n. 888.888.888-88, residente à Rua das Flores n. 123, os quais têm como justo e contratado o quanto segue:

Parte introdutória no caso de advogar para a reclamada:

Contrato de honorários advocatícios que celebram entre si, de um lado, como advogado, o doutor JOSIAS FARGUEIRO, doravante denominado CONTRATADO, brasileiro, casado, portador da OAB/SP n. 999999, inscrito no CPF/MF sob o n. 999.999.999-99, com escritório à Rua dos Franceses, 30, e do outro, Empresa XYH, doravante denominada CONTRATANTE, com sede na Rua Florida, n. 1051, São Paulo, Capital, neste ato representada por seu sócio, BELARMINO DOS ANJOS, brasileiro, casado, RG SSP/SP n. 88.888.888-8, CPF/MF n. 888.888.888-88, residente à Rua das Flores n. 123, os quais têm como justo e contratado o quanto segue:

I – Do objeto

No caso de advogar para o reclamante:

O objeto do presente contrato é a prestação de serviços jurídicos pelo CONTRATADO, ao CONTRATANTE, relativamente a propositura e acompanhamento até final decisão, em todas as instâncias, de Reclamação Trabalhista contra a empresa "Só reclamação".

No caso de advogar para a reclamada:

O objeto do presente contrato é a prestação de serviços jurídicos pelo CONTRATADO, ao CONTRATANTE, relativamente ao acompanhamento até final decisão, em todas as instâncias, de Reclamação Trabalhista movida contra si por JJ Reclamando, processo 1111-2006, 1ª VT/SP.

II – Das obrigações do Contratado

1. dar completo assessoramento ao(s) CONTRATANTE(S), providenciando a elaboração de todas as peças processuais que se fizerem necessárias, em todos os graus de jurisdição;

2. acompanhar o processo em todas as instâncias, inclusive Tribunais Superiores em Brasília;

3. Oferecer atendimento pessoal, por via telefônica ou e-mail, das consultas formuladas pelo(s) CONTRATANTE(S) com referência ao objeto do contrato.

III – Das obrigações do Contratante

1. fornecer à CONTRATADA todas as informações e documentações necessárias para a propositura ou acompanhamento da ação judicial;

2. encaminhar à CONTRATADA no prazo máximo de 24 horas todas as notificações, citações ou mandados que lhe tenham sido encaminhados e relativos ao processo objeto do presente contrato;

3. efetuar o pagamento de todas as custas e demais despesas processuais, segundo orientação a ser fornecida pela CONTRATADA;

4. efetuar o reembolso de todas as despesas efetuadas pela CONTRATADA para a defesa e acompanhamento dos processos, tais como, despesas com cópias reprográficas e impressão de documentos, certidões, locomoção, estacionamento, emolumentos, inclusive despesas com viagem e estadia, desde que necessárias e aprovadas pelo(s) CONTRATANTE(S); (*Nota: poderá neste caso ser incluída uma cláusula prevendo um adiantamento para fins de suprimento de despesas*)

5. dar ciência à CONTRATADA de qualquer alteração nas informações pessoais, tais como endereço residencial, telefone e e-mails para contato. Caso contrário, a CONTRATADA exime-se de qualquer dano resultante da dificuldade na comunicação.

6. efetuar o pagamento dos honorários, das custas, bem como dos reembolsos de despesas dentro dos prazos estipulados no contrato ou conforme forem solicitados.

IV – Do prazo de vigência

O prazo de vigência deste contrato é indeterminado, condicionado ao término dos serviços mencionados no item I – Do objeto.

V – Dos honorários, da forma de pagamento e condições.

1. Honorários inicias de R$ XXX (......), a serem pagos na outorga da procuração;

2. Honorários *ad exitum* pelos serviços jurídicos prestados de XX% (xxxx) sobre o valor bruto auferido pela condenação, sendo certo que, no caso de recebimento parcelado do crédito, este percentual será deduzido de cada parcela. No caso de homologação de eventual acordo, judicial ou extrajudicial, será debitado o mesmo percentual de XX% sobre a parcela única a ser paga ou sobre cada uma das diversas parcelas acordadas. (no caso de se estar advogando para o reclamante); ou

Honorários *ad exitum* pelos serviços jurídicos prestados de XX% (xxxx) sobre o proveito econômico auferido pela não condenação na totalidade ou parte das verbas pleiteadas na inicial, incluindo-se nesse proveito os tributos que deixarão de ser recolhidos. (no caso de se estar advogando para a reclamada).

3. No caso do CONTRATANTE ensejar a rescisão do contrato deverá ser efetuado, em um prazo máximo de 30 dias, o pagamento relativo aos honorários finais, assumindo-se as ações como se ganhas fossem, no caso de ainda não terem transitado em julgado. Caso já tenham transitado em julgado os honorários deverão ser pagos de acordo com o êxito obtido.

3.1. São causas de rescisão contratual por parte do CONTRATANTE: deixar de cumprir as obrigações previstas no item III do presente contrato; deixar de pagar os honorários no prazo determinado; deixar de prestar informações sobre alterações que impeçam ou dificultem o contato com a CONTRATADA, dentre outras que impliquem na quebra de confiança ou dificultem a execução do presente contrato.

4. No caso de rescisão do contrato por parte da CONTRATADA, fica a mesmo obrigada a comunicar ao(s) CONTRATANTE(S) com antecedência de 30 dias, além de acompanhar os atos processuais por 10 dias após a revogação do instrumento de mandato, ficando o(s) CONTRATANTE(S) desobrigado de qualquer ônus.

5. Os valores dos honorários referentes ao valor bruto serão reajustados de conformidade com os índices utilizados na Justiça do Trabalho.

6. No caso de atraso no pagamento haverá a incidência de juros de 1% ao mês.

7. Na hipótese de haver honorários de sucumbência, eles pertencerão à CONTRATADA, que se encarregará de promover a sua execução.

VI – Do sigilo e confidencialidade

1. Toda e qualquer informação seja de que natureza for, decorrente deste contrato, ou que tenha com ele conexão de qualquer espécie, deverá ser tratada de forma confidencial e sigilosa pelas partes. As partes se obrigam a adotar as medidas necessárias para a manutenção e cumprimento do disposto nesta Cláusula, a título gratuito.

2. Fica acordado entre as partes que a CONTRATADA não poderá fornecer ou revelar a terceiros qualquer informação decorrente da execução dos serviços objeto deste contrato, sem a prévia e expressa autorização do(s) CONTRATANTE(S).

VII – Da tolerância

1. A não exigência, por qualquer das partes, do cumprimento de qualquer cláusula ou condição estabelecida neste contrato será considerada mera tolerância, não implicando sua revogação, nem constituindo novação, mantendo-se o direito de ser exigido a qualquer momento o seu cumprimento.

VIII – Das alterações contratuais

1. Qualquer alteração deste contrato, somente será válida se efetuada por instrumento, assinado pelas partes, ou prepostos especialmente designados, observando-se a legitimidade de representação das partes contratantes, assinados por ambas as partes e testemunhas.

1.1. As alterações contratuais que se fizerem necessárias serão realizadas por meio de termos aditivos, numerados e datados, sequencialmente a partir do número 1 (um), pelos representantes das partes ou por quem receber mandato/procuração para tal.

IX – Foro

1. Fica eleito o Foro Central da cidade de São Paulo como o competente para dirimir eventuais controvérsias que possam advir do ora pactuado, que terá vigência a partir da presente data até o término do processo judicial objeto do presente contrato.

E, por estarem assim justos e contratados, firmam o presente em duas vias de igual teor e forma, destinando-se uma a cada parte, perante as testemunhas abaixo-indicadas, a fim de que possa esse instrumento produzir todos os seus jurídicos e legais efeitos.

a) advogado

b) cliente

c) 2 testemunhas:

Notas: 1) Depois de ouvir o cliente e convencido de que existe a possibilidade jurídica de defendê-lo, o advogado estabelece os honorários para remuneração do seu trabalho.

2) Há várias formas de se cobrar os honorários, como por exemplo: *ad exitum*, com uma parcela inicial, honorários iniciais e honorários finais fixos. No exemplo acima, fixou-se uma parcela inicial com uma parcela final *ad exitum*.

3) O critério usual para calcularem-se os honorários funda-se no valor da causa e na sua complexidade.

377. Renúncia do Advogado

"Ilmo. Sr. Belarmino dos Anjos

Vimos comunicar-lhe que, por motivos de ordem pessoal, renunciamos ao mandato que V. Sa. nos outorgou para defendê-lo no Processo n. 123/94 em tramitação na ... Vara do Trabalho.

Nos termos do art. 45 do Código de Processo Civil, continuarei a representar V. Sa. no processo indicado nos próximos 10 (dez) dias, *verbis*: "Art. 45. O advogado poderá, a qualquer tempo, renunciar ao mandato, provando que cientificou o mandante a fim de que esse nomeie substituto. Durante os 10 (dez) dias seguintes, o advogado continuará a representar o mandante, desde que necessário para lhe evitar prejuízo".

Esclarecemos que o instrumento de renúncia será juntado aos autos do processo, noticiando que o(s) advogado(s) ali constituído(s) não mais o representa(m), devendo V.Sa constituir novo defensor.

Saudações atenciosas

Data e assinatura do advogado"

Notas: 1) Reza o art. 45 do CPC que o advogado poderá renunciar, a qualquer tempo, ao mandato, sendo, porém, obrigado a notificar o mandante a fim de que lhe nomeie sucessor.

2) É desejável que o mandante acuse, na cópia, o recebimento da carta-renúncia. Se enviada por via postal, contra AR (aviso de recepção), hipótese em que o prazo de 10 dias é contado da data do AR.

3) É aconselhável, outrossim, dar o advogado ciência de seu ato ao Juiz que preside o processo, juntando cópia do recibo firmado pelo mandante ou do AR.

CAPÍTULO XXXIV

Das Comissões de Conciliação Prévia

378. Formulação da Reclamação

À Comissão de Conciliação Prévia

João da Silva, brasileiro, maior, casado, portador da cédula de identidade RG 1.971.639 e da CTPS 018242, série 129, titular do CPF/MF 039.648.098/53, nascido em 23 de outubro de 1976, filho de Maria Augusta da Silva, com residência à rua das Flores s/n, CEP 01234-000, nesta cidade, (por seu advogado infra-assinado, instrumento de mandato anexo (doc. n. 01)), vem, respeitosamente, perante V.Sas. requerer a instauração de sessão de Conciliação Prévia, com fulcro no art. 625-A e seguintes da CLT c/c da Lei n. 9.958/2000, contra a Felipe Saad Ltda., inscrita no Cadastro Nacional de Pessoas Jurídicas do Ministério da Fazenda (CNPJ/MF) sob n. 60.990.751/0001-24, com sede nesta Capital, na rua dos Frutos 123, Bela Vista, CEP 01329-000, consoante as seguintes alegações de fato e de direito:

1. O empregador autorizou-o a gozar as férias do período de 1º.1.1999/1º.1.2000, a partir de 1º.2.2002.

2. Entende que a remuneração desse período deve ser em dobro, como estabelece o art. 137 da CLT.

Diante do exposto, é a presente para respeitosamente requerer se digne V.Exa. determinar a INTIMAÇÃO da Reclamada, no endereço já declinado, para que, em querendo, compareça à sessão para tentativa de conciliação a ser designada.

Termos em que,

P.Deferimento.

Local e data

Assinatura : João da Silva ou nome do advogado, quando estiver representado.

Notas: 1) Embora alguns estudiosos pensem diferente, vem prevalecendo o entendimento de que é obrigatória a prévia apreciação da reclamatória pela Comissão de Conciliação Prévia.

Assim, frustrada a tentativa de conciliação extrajudicial, o empregado, ao recorrer à Vara do Trabalho deve instruir a petição inicial com a prova de que o litígio passou por aquela Comissão.

2) Na reunião da Comissão, em que se irá discutir o pedido do empregado, este poderá fazer-se acompanhar de advogado.

379. Ata da Reunião da Comissão de Conciliação Prévia

Aos ... dias do mês de ... de ....., reuniram-se os membros da Comissão de Conciliação Prévia em sua sede à .... para apreciar a reclamação articulada por João da Silva contra FELIPE SÁ LTDA. Com a palavra o Reclamante, por ele foi dito que ......

Na oportunidade, exibiu sua Carteira de Trabalho, cujas anotações confirmaram as datas relacionadas com as férias.

Dada a palavra ao preposto do empregador – Sr. .... – pelo mesmo foi dito que a reclamação era inteiramente procedente e que ela resultara de engano ocorrido no Setor de Recursos Humanos. Por isso, propôs o pagamento do devido ao Reclamante em duas parcelas de R$..... exigíveis, uma de imediato e, a outra, no dia 5 dos mês vindouro. O Reclamante aceitou a proposta. Encerrados os debates em torno da reclamação, lavrou-se a presente ata que vai por mim – secretário – assinada, pelos demais membros da Comissão e pelos reclamante e reclamado.

380. Termo de Conciliação

A Comissão de Conciliação Prévia da empresa...... declara, para todos os efeitos legais que, em sua reunião de......de....de ...., conciliaram-se João Dias e o empregador Felipe Saad Ltda. nas seguintes bases: a) o empregador pagou de imediato a remuneração simples das férias do período de 1º.1.1999/1º.1.2000 e b) no dia 5 do próximo mês a outra parcela de igual valor. Por ser expressão da verdade, firmamos o presente termo.

Nota: 1) Esse termo é título executivo extrajudicial. Portanto, descumprido o acordo pela empresa, o empregado está autorizado por lei a procurar a Justiça do Trabalho e pedir a execução do título.

2) A validade do termo exige a assinatura de todos os membros da Comissão.

3) A execução do título pode ser pedida diretamente pelo empregado a uma Vara do Trabalho ou por intermédio de advogado.

381. Declaração de Frustrada Conciliação

Declaro, para todos os fins de direito, que JOÃO DA SILVA, brasileiro, maior, casado, residente nesta cidade à rua das Flores s/n, no dia...de....de.... compareceu nesta Comissão de Conciliação Prévia para apresentar reclamação contra seu empregador FELIPE SÁ LTDA. Realizada a reunião para conciliar os litigantes, não chegaram eles a um acordo. Por ser expressão da verdade, firmo a presente. Eu,.................. secretário da Comissão de Conciliação Prévia da empresa....

Nota: 1) O presente Termo deve instruir a petição inicial da reclamação perante a Vara do Trabalho, se existir a Comissão de Conciliação Prévia dentro da empresa ou, então, dentro do sindicato de classe. No caso da inexistência dessa Comissão, é conveniente que conste o esclarecimento desse fato na petição inicial da Reclamação Trabalhista.

CAPÍTULO XXXV
Petição Inicial

382. Do Caso de Despedida sem Motivo Justo

"Exmo. Sr. Juiz da ... Vara do Trabalho

Processo n. ...... (a ser indicado pelo distribuidor).

JOÃO DA SILVA, nascido aos ..../..../...., filho de .... (nome da mãe), brasileiro, maior, casado, ... (profissão ou atividade), portador da Carteira de identidade .... e da CTPS n. ....., série ....., inscrito no CPF/MF sob n. ...., residente e domiciliado em .... (endereço, cidade, estado), CEP ......, vem, por seu(s) advogado(s) infra-assinado(s), instrumento de mandato anexo (DOC n. 1), com escritório à .... tel. .... CEP ...., vem perante V. Exa. propor a presente RECLAMAÇÃO TRABALHISTA contra Felipe Sá Ltda., inscrita no CNPJ/MF sob o n. ...., estabelecida à .... (endereço, cidade, estado) n. .... CEP ..., pelas seguintes razões de fato e de direito.

1. Foi admitido pela Reclamada a ... de .... de 199 ... para realizar as funções de balconista, mediante o salário fixo de 2 salários mínimos e uma parte variável composta de comissão de 0,5% sobre as vendas que fizesse. Na data da admissão, ele optou pelo regime do FGTS.

Na data da sua despedida, o salário era de R$ ....

As cópias autenticadas das folhas em anexo da Carteira de Trabalho contêm anotações que comprovam o que acaba de alegar.

2. No dia ... de ..... de 199 ..., a Reclamada decidiu que o Reclamante deveria trabalhar como Auxiliar da Contabilidade da empresa, perdendo as comissões e conservando o parte fixa do seu salário.

Recusou-se a cumprir essa ordem porque violava direitos decorrentes do contrato de trabalho.

A Reclamada, na oportunidade, despediu o Reclamante 'por insubordinação'.

3. O Reclamante recusou-se a dar quitação à Reclamada quando da homologação da rescisão do contrato de trabalho perante o Sindicato a que está filiado (v. declaração anexa do Sindicato de Trabalhadores .... doc. n. ... anexo).

4. As testemunhas do Reclamante comparecerão à audiência, independentemente de intimação, na audiência que V. Exa. houver por bem designar.

5. Em face de todo o exposto pede o Reclamante:

a) Indenização de 40% sobre os valores depositados em sua conta vinculada .... a apurar;

b) aviso prévio;

c) 13º proporcional;

d) férias proporcionais;

e) exibição, na audiência, de comprovantes dos depósitos da letra 'a' que devem incluir as partes fixa e variável do seu salário;

f) entrega de guia liberatória da quantia existente em sua conta vinculada do FGTS;

g) correção monetária e juros moratórios das verbas da condenação.

6. Requer a citação da Reclamada para que venha defender-se em audiência, sob pena de revelia e confissão e protesta pela produção de provas permitidas em direito, como depoimentos da Reclamada e de testemunhas, perícia contábil.

7. Valor da causa .... (Se o valor da causa for inferior a 40 salários mínimos terá de submeter-se ao procedimento sumaríssimo. Onde houver Comissão de Conciliação Prévia, a ela o Reclamante tem de recorrer preliminarmente).

Data e assinatura do advogado".

Notas: 1) Não é preciso reconhecer a firma da procuração nem a da petição. Basta assiná-la.

2) Devem ser requeridas na inicial, quando aplicáveis, a assistência judiciária gratuita e a prioridade para maiores de 60 anos (Lei n. 10.741/2003). Poderá ser requerida, também, prioridade por doença incurável ou estado terminal, devidamente comprovados, cujo deferimento ficará a critério da autoridade judiciária.

3) V. item 179.

4) Se as testemunhas não comparecerem na audiência, deve o Reclamante, por seu advogado, na mesma oportunidade, requerer verbalmente a intimação de todas elas para a sessão em continuação, prometendo entregar na Secretaria da Vara do Trabalho o nome e endereço de todas elas.

5) Onde houver uma única Vara do Trabalho, a petição inicial deve ser entregue na secretaria desta: havendo mais de uma, entregá-la ao distribuidor (v. item 92).

6) Deve o advogado indagar do Reclamante se existe alguma sentença normativa ou pacto coletivo em vigor na data da sua admissão e da sua dispensa. É bem possível que nesses instrumentos haja alguma vantagem para o Reclamante que seu empregador não cumpriu.

383. *Do Caso de Despedida de Empregado-Dirigente Sindical*

"Exmo. Sr. Dr. Juiz da ... Vara do Trabalho

Processo n. .... (a ser indicado pelo Distribuidor).

JOÃO DA SILVA, nascido aos ../../.., filho de .... (nome da mãe), brasileiro, maior, casado, ... (profissão ou atividade), portador da carteira de identidade .... e da CTPS n. ....., série ....., inscrito no CPF/MF sob n. ...., residente e domiciliado em .... (endereço, cidade, estado), CEP ....., vem, por seu(s) advogado(s) infra-assinado(s), instrumento de mandato anexo (Doc n. 1), com escritório à .... tel. .... CEP ...., vem perante V. Exa. propor a presente RECLAMAÇÃO TRABALHISTA contra Felipe Sá Ltda., inscrita no CNPJ/MF sob o n. ...., estabelecida à .... (endereço, cidade, estado) n. .... CEP pelas seguintes razões de fato e de direito.

DOS FATOS

1. Trabalha o Reclamante na empresa da Reclamada desde 1º de abril de 1980, como ajudante de operador, sem ter, na época, optado pelo Fundo de Garantia do Tempo de Serviço – FGTS (v. cópias autênticas de fls. da Carteira Profissional).

A 2 de março de 1993, elegeu-se diretor do sindicato dos Trabalhadores na Indústria de ....

Na ocasião, foi o fato comunicado à Reclamada, por ofício daquela entidade sindical (v. documento n. ....).

A 1º de abril de 1994, a Reclamada dispensou o Reclamante alegando a necessidade de enxugar seu quadro de pessoal.

Na ocasião seu salário era de R$ ......

O Reclamante recebeu da Reclamada o saldo de salário e quantias relativas ao 13º salário e férias proporcionais.

Não lhe deu quitação das demais verbas e protestou contra sua dispensa por estar em gozo de estabilidade provisória.

DO DIREITO

2. Consoante o inciso VIII do art. 8º da Constituição Federal e § 3º do art. 543 da Consolidação das Leis do Trabalho, o Reclamante não poderia ser dispensado do emprego imotivadamente por ser dirigente sindical.

Ademais disso, foi cumprida a exigência contida no § 5º do referido art. 543 – *verbis*: "Para os fins deste artigo, a entidade sindical comunicará por escrito à empresa, dentro de 24 horas, o dia e a hora do registro da candidatura do seu empregado e, em igual prazo, sua eleição e posse, fornecendo, outrossim, e, em igual prazo, a este, comprovante no mesmo sentido. O Ministério do Trabalho fará no mesmo prazo a comunicação no caso da designação referida no final do § 4º".

As cópias em anexo da ata de apuração do pleito e de uma outra referente à posse, nas quais aparece o nome do Reclamante, provam cabalmente que a dispensa do Reclamante desobedeceu a lei.

3. Em face do exposto, pede o Reclamante:

a) reintegração liminar no emprego, nos termos do inciso X, do art. 659 da CLT, com pagamento dos salários e consectários (férias, 13º salário, depósitos fundiários) durante o período de afastamento do serviço;

b) se negada a medida liminar da alínea anterior e o trânsito em julgado da sentença ocorrer após o término do mandato do Reclamante – pagamento de todos os salários compreendidos no período entre a data da dispensa e a da extinção da garantia do emprego, incluindo-se depósitos do FGTS, férias, 13º salário e contribuições à Previdência Social, tudo com correção monetária e juros moratórios.

4. Seja a Reclamada notificada para vir defender-se em audiência, sob pena de revelia e confissão.

Protesta o Reclamante pela produção de provas admitidas em direito, como depoimento de testemunhas e da Reclamada.

Valor da causa: ....

Data e assinatura do advogado".

Notas: a) No caso deste item, convém provar-se que o Sindicato de Trabalhadores fez a comunicação à empregadora da eleição e posse do seu empregado.

Por prudência, essa comunicação deve ser feita por via postal, com aviso de recepção (AR), o que anulará a alegação do empregador de que não recebeu qualquer informação sobre a eleição do empregado.

b) O pedido não é alternativo, pois, este só se configura quando o devedor pode cumprir a obrigação de mais de um modo (art. 288 do CPC).

O pedido funda-se no art. 289 do CPC: "É lícito formular mais de um pedido em ordem sucessiva, a fim de que o Juiz conheça do posterior, em não podendo acolher o anterior".

c) Quanto à distribuição do processo e cuidado com a procuração – ver nota do item anterior – de n. 368.

d) A Lei n. 9.270, de 17.04.96, introduziu o item X no art. 659 da CLT, autorizando o Juiz a deferir medida liminar de reintegração no emprego de dirigente sindical afastado ou dispensado pelo empregador. Inviável essa liminar se instaurado, no prazo legal, o inquérito judicial para apuração de falta grave.

383.1. Dispensa Justificada de Dirigente Sindical

Exmo. Sr. Dr. Juiz da .... Vara do Trabalho de ....

Processo n. ....

FELIPE SÁ S/A, estabelecida nesta cidade na rua .... n. ...., (cidade, estado) CEP ...., CNPJ ....., por seu advogado infra-assinado (v. instrumento procuratório anexo), vem, com fundamento no art. 853 da Consolidação das Leis do Trabalho – CLT – requerer instauração de Inquérito Judicial para apuração de falta grave imputada a seu empregado e dirigente sindical – João da Silva, nascido aos .../.../..., filho de .... (nome da mãe), brasileiro, maior, casado, ... (profissão ou atividade), portador da Carteira de identidade .... e da CTPS n. ...., série ...., inscrito no CPF/MF sob n. ...., residente e domiciliado em .... (endereço, cidade, estado), CEP ...., pelas seguintes razões de fato e de direito.

1. No dia ...de .... de 199 ...., às 15 horas, na sede da Requerente, seu Gerente Geral – Sr. .... foi agredido, a socos e pontapés pelo Requerido.

Foi o fato levado ao conhecimento da autoridade policial que deu início à ação penal.

Na mesma data, a Requerente, com apoio no art. 853 da CLT, suspendeu o Requerido por 30 (trinta) dias.

2. É solicitada a instauração do precitado inquérito no 28º dia após o aludido fato.

3. Vai a Requerente produzir toda a prova permitida em direito, como oitiva de testemunhas, depoimento do Requerido e perícias.

4. Requer a notificação do Requerido para que venha defender-se neste processo, sob pena de revelia e pena de confissão.

Valor da causa: R$......

Data e assinatura do advogado.

Notas: 1) A petição deve estar instruída pela procuração, pela carta de suspensão do Requerido e de certidão fornecida pela autoridade policial comprovando o início da ação penal.

2) Deve a empresa ter o cuidado de requerer o inquérito judicial dentro do prazo decadencial de 30 dias.

3) Ver item 249.

384. Da Reclamação de Empregada Gestante Dispensada sem Motivo Justo

"Exmo. Sr. Dr. Juiz da ... Vara do Trabalho ...

Processo n. .....

JOANA DA SILVA, nascida aos ../../.., filha de .... (nome da mãe), brasileira, casada, industriária, portadora da Carteira de identidade .... e da CTPS n. ....., série ....., inscrita no CPF/MF sob n. ...., residente e domiciliada em .... (endereço, cidade, estado), CEP ......, por seu (sua) advogado(a) infra-assinado(a), instrumento de mandato anexo (Doc n. 1), com escritório à Rua .... n. ... telefone , vem perante V. Exa. propor a presente RECLAMAÇÃO TRABALHISTA em face de Felipe Sá Ltda., inscrita no CNPJ/MF sob o n. ...., estabelecida à .... (endereço, cidade, estado) n. .... CEP pelas razões de fato e direito que aduz em seguida.

DOS FATOS

1. A Reclamante foi admitida a serviço da Reclamada a 12 de maio de 1989 para exercer as funções de empacotadora.

Seu último salário era de R$ .....

No dia 8 de janeiro de 2004, comunicou a seu empregador que engravidara e entregou-lhe o respectivo atestado médico.

A 2 de abril também de 2004, a Reclamada despediu a Reclamante alegando que faltava muito ao serviço e, também, que a produtividade do seu trabalho era muito baixa.

Umas poucas vezes que faltou ao serviço devido ao seu estado de gestante, apresentou adequada justificação médica.

Quanto à rentabilidade do seu trabalho é certo que a mantém no mesmo nível.

A Reclamante recebeu da Reclamada, apenas, o seu salário vencido, dando-lhe quitação dessa importância e isto na presença do Sindicato a que está filiada.

DO DIREITO

2. Goza a Reclamante de estabilidade no emprego 'desde a confirmação da gravidez até cinco meses após o parto' (alínea 'b' do inciso II do art. 10 das Disposições Constitucionais Transitórias).

Com fundamento no item II da Súmula n. 244 do E. Tribunal Superior do Trabalho (II – A garantia de emprego à gestante só autoriza a reintegração se esta se der durante o período de estabilidade. Do contrário, a garantia restringe-se aos salários e demais direitos correspondentes ao período de estabilidade) pede a Reclamante:

a) o pagamento dos salários relativos a 5 meses do período da gestação e mais os dos cinco meses posteriores ao parto;

b) férias proporcionais abrangendo todo o período da garantia do emprego;

c) 13º – 'idem';

d) contribuições ao FGTS e à Previdência Social;

e) correção monetária e juros moratórios.

3. Requer a notificação da Reclamada para que venha defender-se sob pena de revelia e pena de confissão na audiência a ser designada por V. Exa.

4. Protesta pela produção das provas permitidas em direito, como o depoimento da Reclamada, de testemunhas e exame médico.

Valor da causa:

Data e assinatura do advogado".

Notas: a) além da procuração, deve a petição ser instruída: com cópias autenticadas de páginas da Carteira Profissional que contenham anotações que confirmem as alegações da Reclamante; com atestado médico comprobatório da gravidez; rol de testemunhas que possam provar que a produtividade do seu trabalho sempre foi satisfatória e que nunca foi censurada por seus superiores devido a esse fato;

b) se a audiência for realizada quando já ocorrido o parto, requerer a juntada aos autos de cópia autenticada da certidão de nascimento da criança.

385. Da Reclamação de Empregado Dispensado na volta ao Serviço depois de um Acidente do Trabalho

"Exmo. Sr. Juiz da ... Vara do Trabalho

Processo n. ...... (a ser indicado pelo distribuidor).

JOÃO DA SILVA, nascido aos ../../.., filho de .... (nome da mãe), brasileiro, maior, casado, ... (profissão ou atividade), portador da Carteira de identidade .... e da CTPS n. ....., série ....., inscrito no CPF/MF sob n. ...., residente e domiciliado em .... (endereço, cidade, estado), CEP ......, vem, por seu(s) advogado(s) infra-assinado(s), instrumento de mandato anexo (DOC n. 1), com escritório à .... tel. .... CEP ...., vem perante V. Exa. propor a presente RECLAMAÇÃO TRABALHISTA em face de Felipe Sá Ltda., inscrita no CNPJ/MF sob o n. ...., estabelecida à .... (endereço, cidade, estado) n. .... CEP pelas razões de fato e de direito que alinha em seguida:

1. Foi o Reclamante admitido a serviço da Reclamada a .... de 1994, para exercer o posto de encarregado da seção de forjaria (v. cópias de páginas de Carteira Profissional – docs. ns. .....).

No dia 5 de abril do mesmo ano, quando em serviço na empresa, sofreu um acidente do trabalho que o manteve afastado do trabalho durante cinco meses (v. comunicação do INSS).

Quando do infortúnio estava o Reclamante percebendo o salário de R$ ....

Retornando ao serviço, foi-lhe comunicado que sua vaga já fora preenchida por outro empregado.

Quando da homologação da rescisão do contrato, na sede do Sindicato a que o Reclamante pertence, recebeu as verbas que lhe foram oferecidas como o aviso prévio, férias vencidas e 13º salário proporcional, bem como a guia liberatória do FGTS.

Na oportunidade protestou contra sua dispensa por entender que gozava de estabilidade provisória e, também, porque o adicional de insalubridade e a remuneração das horas suplementares não foram consideradas no cálculo das férias, do 13º salário e das contribuições à Previdência Social e ao FGTS.

DO DIREITO

2. Não podia o Reclamante ser dispensado logo após sua alta no tratamento do acidente do trabalho, *ex vi* do disposto no art. 118 da Lei n. 8.213, de 24 de julho de 1991 – *verbis*: "O segurado que sofreu acidente do trabalho tem garantida, pelo prazo mínimo de 12 meses, a manutenção do seu contrato de trabalho na empresa, após a cessação do auxílio-doença acidentário, independentemente de percepção de auxílio-acidente".

3. Já se pacificou na jurisprudência e na doutrina que o adicional de insalubridade tem caráter salarial e, por isso, deve entrar na base de cálculo da contribuição ao FGTS e à Previdência Social, das férias e do 13º salário.

A Reclamada jamais incluiu o adicional de insalubridade máxima no cálculo das supracitadas verbas.

4. Igual comportamento teve a Reclamada no que tange às horas extraordinárias.

5. Em face de todo o exposto pede o Reclamante:

a) os salários de todo o período em que a lei garante o emprego ao acidentado no trabalho .... a apurar;

b) inclusão do adicional de insalubridade e da remuneração das horas suplementares no cálculo das contribuições ao FGTS e à Previdência Social, do 13º salário e das férias;

c) indenização prevista no art. 18, § 1º da Lei n. 8.036, de 11 de maio de 1990, correspondente a 40% dos valores depositados em conta do Reclamante do FGTS, com os acréscimos apontados na alínea anterior;

d) correção monetária e juros moratórios incluindo todas as verbas postuladas.

Valor da causa:

Data e assinatura do advogado".

Notas: a) Sobre a petição ver item 179.

b) No caso vertente, entendemos que não se deve pedir a reintegração do empregado-acidentado. É certo que a sentença, ao transitar em julgado, já terá vencido, de há muito, o prazo de garantia do emprego.

c) Por terem natureza salarial, as parcelas relativas ao adicional de insalubridade e à remuneração das horas suplementares devem ser incluídas na base de cálculo das contribuições ao FGTS, à Previdência Social, das férias e do 13º salário.

d) É discutível a constitucionalidade do art. 118 da Lei n. 8.213/91, por tratar-se de espécie de estabilidade no emprego não prevista na Constituição, como exceção ao inciso I do art. 7º também da Lei Maior.

386. Da Reclamação do Diretor-Empregado

"Exmo. Sr. Juiz da ... Vara do Trabalho

Processo n. ...... (a ser indicado pelo distribuidor).

JOÃO DA SILVA, nascido aos ../../.., filho de .... (nome da mãe), brasileiro, maior, casado, ... (profissão ou atividade), portador da Carteira de identidade .... e da CTPS n. ....., série ....., inscrito no CPF/MF sob n. ...., residente e domiciliado em .... (endereço, cidade, estado), CEP ......, vem, por seu(s) advogado(s) infra-assinado(s), instrumento de mandato anexo (DOC n. 1), com escritório à .... tel. .... CEP ...., vem perante V. Exa. propor a presente RECLAMAÇÃO TRABALHISTA em face de Felipe Sá Ltda., inscrita no CNPJ/MF sob o n. ...., estabelecida à .... (endereço, cidade, estado) n. .... CEP pelas razões de fato e de direito que alinha a seguir.

1. A 21 de março de 1969, foi o Reclamante admitido a serviço da Reclamada como economista subordinado a uma chefia de departamento.

Em 1974, no mês de julho, foi convidado a integrar a diretoria da sociedade com salário mensal equivalente a 3.000 dólares americanos. A cada mês era feita a conversão da moeda estrangeira em reais.

Embora ostentando o título de diretor da empresa, estava o Reclamante sujeito a ponto e, no desempenho de suas funções, não gozava de qualquer autonomia.

Limitava-se a fazer estudos de política econômica para serem apreciados por aqueles que detêm, efetivamente, o controle da sociedade.

Gozava férias e recebia o 13º salário com base no salário de diretor.

Em fevereiro do ano em curso (1994), foi o Reclamante afastado do seu cargo de diretor e reconduzido àquele que anteriormente ocupava com um salário consideravelmente menor.

O protesto que fez contra essa medida arbitrária provocou sua dispensa do emprego.

Quando da homologação da rescisão do contrato, quis a Reclamada pagar-lhe: indenização igual a 40% dos depósitos feitos na sua conta vinculada do FGTS, sempre com base no salário do cargo efetivo; férias proporcionais e aviso prévio indenizado com a mesma base de cálculo.

O Reclamante recusou-se a firmar o instrumento rescisório e veio à Justiça postular o que lhe parece justo.

DO DIREITO

2. O Reclamante, quando foi prestar serviços à Reclamada, em 1969, não optou pelo Fundo de Garantia do Tempo de Serviço, como o exigia a revogada Lei n. 5.107/66.

O título de diretor conferido ao Reclamante mascarou, em verdade, trabalho subordinado. Nenhum poder inerente à gestão foi concedido ao Reclamante. Batia ponto e não gozava de liberdade no cumprimento da sua tarefa.

Quando do advento da Constituição Federal de 1988 ou da Lei n. 8.036, de 11 de maio de 1990 (Lei do FGTS), já contava o Reclamante mais de dez anos de serviços à Reclamada.

O Reclamante jamais ocupou cargo em comissão com alguns dos poderes de gestão. Com o 'rótulo' de diretor, não passava de um empregado como outro qualquer, sujeito a ponto, sofrendo descontos salariais quando se atrasava na entrada ao serviço.

Os documentos que instruem esta peça inicial provam, à saciedade, tudo que acabou de afirmar: carta da diretoria descrevendo suas funções subordinadas; cartão de ponto; descontos salariais por atraso etc.

Diante do demonstrado nas linhas precedentes, era o Reclamante estável na empresa e não podia ser dispensado a não ser por falta grave apurada em inquérito judicial.

A prova de que não praticou qualquer deslize no exercício de suas funções está no fato de que a empresa tentou pagar-lhe o aviso prévio (v. cópia do instrumento rescisório doc. n. ...).

DO PEDIDO

3. Pede o Reclamante:

a) reintegração no emprego;

b) pagamento dos salários relativos ao período de afastamento, com as vantagens derivadas de pacto coletivo ou sentença normativa, bem como as férias e 13º salário;

c) mantença do salário percebido como 'diretor' e utilizá-lo no cálculo das verbas mencionadas na alínea anterior;

d) anotação, em Carteira de Trabalho, do novo salário.

Requer seja a Reclamada notificada para vir defender, sob pena de confissão, em audiência que V. Exa. designar.

Valor da causa: ......

Data e assinatura do advogado".

Notas: a) Sustentamos que a fusão dos regimes da CLT e do FGTS só se materializou em 11 de maio de 1990, quando da sanção da Lei n. 8.036.

A Constituição Federal, no art. 7º, faz, simplesmente, menção aos dois regimes e nada diz sobre a sua fusão.

Dessarte, entendemos que tal fusão só se verificou com a superveniência da Lei n. 8.036.

b) Não aceitamos a tese de que a nomeação do empregado para a diretoria da empresa suspende seu contrato de trabalho. O art. 499 da CLT não deixa margem a qualquer dúvida: no exercício dos cargos de diretoria, faz-se o cômputo do tempo de serviço para todos os efeitos legais.

Ademais disso, no exemplo do modelo *supra*, prova-se que o empregado, como diretor, continuou a trabalhar de modo subordinado.

c) Se o empregado manteve essa condição com o título decorativo de diretor, é evidente que, depois de tantos anos, seu salário passou a ser o deste último, isto é, o de diretor.

d) Sendo estável, só poderia o empregado ser dispensado se tivesse praticado falta grave apurada em inquérito, nos termos dos arts. 853, 854 e 855 da CLT.

e) Não é alternativo o pedido do Reclamante para admitir a conversão da sua reintegração em indenização dobrada.

Não o faz porque essa conversão é faculdade exclusiva do Juiz (art. 496 da CLT).

Afora isso, entendemos que não se aplica à espécie o art. 461, § 1º, do CPC, que autoriza a parte a pedir a conversão da obrigação de fazer em perdas e danos. Sobre o assunto há norma específica na CLT e contida no art. 496.

387. Da Reclamação do Representante Comercial

"Exmo. Sr. Juiz da ... Vara do Trabalho

Processo n. ...... (a ser indicado pelo distribuidor).

JOÃO DA SILVA, nascido aos ../../.., filho de .... (nome da mãe), brasileiro, maior, casado, ... (profissão ou atividade), portador da Carteira de identidade .... e da CTPS n. ....., série ....., inscrito no CPF/MF sob n. ...., residente e domiciliado em .... (endereço, cidade, estado), CEP ......, vem, por seu(s) advogado(s) infra-assinado(s), instrumento de mandato anexo (DOC n. 1), com escritório à .... tel. .... CEP ...., vem perante V. Exa. propor a presente RECLAMAÇÃO TRABALHISTA em face de Felipe Sá Ltda., inscrita no CNPJ/MF sob o n. ...., estabelecida à .... (endereço, cidade, estado) n. .... CEP pelas razões de fato e de direito que aduz em seguida:

1. DOS FATOS

Admitido a serviço da Reclamada, a 10 de janeiro de 1989, como empregado pracista, tinha o Reclamante como função vender produtos da Reclamada na Baixada Santista, mediante comissão de 2% (dois por cento) das vendas que efetuasse.

Em 1992, no mês de junho, a Reclamada pediu ao Reclamante que pedisse dispensa do emprego e se convertesse em representante comercial autônomo. Alegou que, como empregado, estava obtendo renda superior à de um diretor da empresa.

Como 'representante comercial autônomo', sua comissão passou a ser de apenas 1%. Entretanto, ficou submetido às mesmas condições de trabalho que cumpria quando empregado da Reclamada: tempo predeterminado da viagem e, no retorno, comparecimento diário à sede da empresa, com obediência a horário.

Em 1994, em fevereiro, novamente a Reclamada alegou os elevados ganhos do Reclamante e propôs uma comissão de 0,6%.

Recusou a proposta da Reclamada e, por isso, teve rescindido seu contrato.

Na oportunidade a Reclamada pagou-lhe a indenização prevista no art. 34 da Lei n. 4.886, de 9 de dezembro de 1965, que regula as atividades dos representantes comerciais.

Recebeu essa quantia mas ressalvou seu direito de, depois, reivindicar na Justiça do Trabalho tudo a que tinha direito.

2. DO DIREITO

O primitivo contrato de trabalho foi preservado ao longo dos anos.

A dissimulada transformação de sua condição de empregado subordinado em representante comercial autônomo não resiste à menor análise.

A documentação anexa – cartas de advertência, com instruções para ir a determinado local em dia prefixado, cumprimento de horário quando do regresso da viagem etc. – prova, à saciedade, que o Reclamante jamais deixou de ser empregado.

Demonstrado que jamais deixou de existir a relação empregatícia, resta o caso da redução da percentagem de 2 para 1%.

Trata-se de composição sem valor jurídico, à vista do preceituado no art. 468 da CLT.

3. DO PEDIDO

Em face de todo o exposto, pede o Reclamante:

a) pagamento da diferença de 1% das comissões de vendas que realizou de junho de 1992 a fevereiro de 1994;

b) depósitos em sua conta vinculada relativos ao mesmo período;

c) férias vencidas de 92/93 e 93/94 com o acréscimo de 30%;

d) 13º salário de 1992 e 1993, e proporcional de 1994;

e) indenização em valor equivalente a 40% dos depósitos feitos em sua conta vinculada;

f) aviso prévio;

g) a base de cálculo das verbas das alíneas *b, c, d, e, f* deve ser a da alínea *a*.

Requer a notificação da Reclamada para vir defender-se sob pena de confissão.

Requer, outrossim, o depoimento de testemunhas e perícia contábil na Reclamada para levantar os valores das comissões a que faz jus.

Valor da causa: .....

Data e assinatura do advogado".

Notas: a) Nos vários setores econômicos que necessitam dos serviços de um representante comercial, dois fatos costumam ocorrer: com o desenvolvimento da empresa, os ganhos do representante crescem consideravelmente; com o correr do tempo, o relacionamento entre as partes ganha conteúdo e colorido de verdadeira relação de emprego.

Essas razões explicam a conveniência de a representação comercial ser confiada a uma pessoa jurídica e não a uma pessoa física.

b) No exemplo dado, usou-se do artifício de transformar o empregado em representante autônomo para baixar sua comissão de 2 para 1%.

A prova de que, a rigor, o Reclamante manteve sua condição de empregado anula o ajuste a teor do art. 468 da CLT.

388. *Reclamação por Equiparação Salarial*

"Exmo. Sr. Juiz da ... Vara do Trabalho

Processo n. ...... (a ser indicado pelo distribuidor).

JOÃO DA SILVA, nascido aos ../../..., filho de .... (nome da mãe), brasileiro, maior, casado, ... (profissão ou atividade), portador da Carteira de identidade .... e da CTPS n. ....., série ....., inscrito no CPF/MF sob n. ...., residente e domiciliado em .... (endereço, cidade, estado), CEP ....., vem, por seu(s) advogado(s) infra-assinado(s), instrumento de mandato anexo (DOC n. 1), com escritório à .... tel. .... CEP ...., vem perante V. Exa. propor a presente RECLAMAÇÃO TRABALHISTA em face de Felipe Sá Ltda., inscrita no CNPJ/MF sob o n. ...., estabelecida à .... (endereço, cidade, estado) n. .... CEP pelas razões de fato e de direito que alinha a seguir.

1. DOS FATOS

Foi o Reclamante admitido a serviço da Reclamada a 5 de maio de 1988, como mecânico incumbido da conservação e limpeza da maquinaria da empresa.

A 1º de janeiro de 1990, um outro profissional – Benedito dos Santos – veio a realizar a mesma atividade, mas com um salário bem maior.

Nesta data, percebe o Reclamante, como salário mensal, a importância de R$ 300,00, enquanto o paradigma é contemplado com R$ 480,00.

Realizam a mesma atividade e com igual produtividade.

2. DO PEDIDO

Reza o art. 461 da CLT que, *'sendo idêntica a função, a todo trabalho de igual valor, prestado ao mesmo empregador, na mesma localidade, corresponderá igual salário, sem distinção de sexo, nacionalidade ou idade'*.

De notar-se que o Reclamante é mais antigo, na empresa, que seu paradigma.

Sabe o Reclamante que se faz de modo idêntico a anotação em sua Carteira de Trabalho e na de seu paradigma relativa à função exercida: mecânico de manutenção.

A par disso, há testemunhas que podem provar que as funções o Reclamante e do paradigma eram e são iguais.

À vista do que disse nas linhas precedentes, pede o Reclamante:

a) pagamento das diferenças salariais referentes ao período de janeiro de 1990 à data da execução da sentença, com correção monetária e juros moratórios;

b) recolhimento ao FGTS da diferença resultante da equiparação salarial;

c) férias e 13º salário acrescidos das diferenças da letra *a*.

Requer a notificação da Reclamada para defender-se em audiência, sob pena de confissão, a oitiva de testemunhas e perícia no local de trabalho.

Valor da causa: ....

Data e assinatura do advogado".

Rol de testemunhas: Beatriz Pereira da Silva, residente à Rua dos Prazeres n. 89; Gumercindo de Oliveira, residente à Rua das Rosas n. 48.

Notas: a) A isonomia salarial de que trata o art. 461 da CLT não é respeitada em muitos casos.

De modo primário, há empresas que se limitam a dar nova denominação ao cargo para dissimular um salário mais realizado a quem faz o mesmo serviço daquele que percebe menor remuneração.

Outras empresas utilizam-se de um critério de classificação um pouco mais sofisticado: grupo júnior e grupo sênior.

Ocioso dizer que tais artifícios não prosperam na Justiça do Trabalho. Feita a prova de igualdade de funções, de igual produtividade e de perfeição técnica, tem a empresa de pagar a diferença salarial.

b) As principais provas no exemplo em estudo são depoimentos de testemunhas e uma perícia que identifique as funções do Reclamante e do paradigma.

c) Se a diferença de tempo de serviço entre o paradigma e o Reclamante for superior a dois anos, a equiparação dificilmente terá êxito (§ 1º do art. 461 da CLT).

389. Requerimento de Inquérito para Apuração de Falta Grave

"Exmo. Sr. Dr. Juiz da ... Vara do Trabalho de ....

Processo n. ....

FELIPE SÁ S/A, estabelecida à Avenida Girassol n. 345, São Paulo-SP, CEP ..., inscrita no CNPJ/MF sob o n. ....,CNPJ ..., por seu advogado infra-assinado instrumento de mandato anexo (DOC n. 1),com escritório à (endereço completo), tels., vem, com apoio no art. 853 da CLT, requerer a V. Exa. a abertura de inquérito para apuração de falta grave atribuída a seu empregado JOÃO DA SILVA, nascido aos ../../..., filho de .... (nome da mãe), brasileiro, maior, casado, ... (profissão ou atividade), portador da Carteira de identidade .... e da CTPS n. ....., série ....., inscrito no CPF/MF sob n. ...., residente e domiciliado em .... (endereço, cidade, estado), CEP ......, e isto pelas seguintes razões de fato e de direito.

1. É o Requerido seu empregado desde 1º de janeiro de 1971, ocupando o cargo de vigilante noturno.

Nunca optou pelo FGTS.

Seu salário, hoje, é de R$ 200,00 (v. ficha de registro).

2. Dando, há algum tempo, pelo sumiço de mercadorias do seu depósito, a Requerente solicitou o auxílio da Polícia para esclarecer o fato.

Os dois agentes policiais incumbidos da investigação, no dia 18 do corrente, prenderam em flagrante o Requerido quando colocava vários volumes de mercadorias num caminhão estacionado nos fundos do estabelecimento.

3. A cópia por certidão do auto de prisão em flagrante é a prova cabal da falta grave praticada pelo Requerido.

4. É de toda a evidência que a suspensão do Requerido foi automática.

5. Requer a oitiva dos dois investigadores – Srs. .... e .... e a final, declarada a extinção do contrato de trabalho do Requerido.

Data e assinatura do advogado".

Notas: 1) O inquérito para apuração da falta grave é regulado pelos arts. 853, 854 e 855 da CLT.

2) Há-de ser das mais robustas a prova do que se imputa ao empregado.

3) As custas serão pagas na forma do art. 789, § 1º, da CLT: "As custas serão pagas pelo vencido, após o trânsito em julgado da decisão. No caso de recurso, as custas serão pagas e comprovado o recolhimento dentro do prazo recursal".

4) O rito de um inquérito é o de uma reclamatória comum.

5) A proteção oferecida pela CLT nos artigos já indicados não se circunscreve à estabilidade decenal; alcança, também, os casos de estabilidade provisória como os do dirigente sindical, do cipeiro e da empregada gestante.

Exceção feita da garantia do emprego que a lei concede ao dirigente sindical, nos dois outros casos é quase certo que o inquérito chegará a seu termo definitivo quando cessou, de há muito, essa mesma garantia.

Não é por outra razão que o TST, na sua Súmula 244, II, não assegura a reintegração da empregada gestante; manda converter em indenização essa medida.

6) A doutrina e a jurisprudência, unissonamente, são contrárias à concessão de medida liminar à reintegração do estabilitário, ressalvada a hipótese do inciso X do art. 659 da CLT, relativa ao dirigente sindical.

390. Correção de Erro Grave da Petição Inicial

"Exmo. Sr. Juiz da ... Vara do Trabalho de ....

Processo n. 001232006001022006

JOÃO DA SILVA, no processo em epígrafe, em que litiga com FELIPE SÁ S/A, vem, respeitosamente, expor e solicitar a V. Exa. o seguinte:

1. Na redação da petição inicial do processo em causa, cometeu o Reclamante grave erro datilográfico ao pedir indenização equivalente a 400% dos depósitos feitos em sua conta vinculada.

Claro é que essa indenização, nos termos da Lei n. 8.036, de 11 de maio de 1990, é de apenas 40%.

2. A presente solicitação não constitui qualquer alteração do pedido vestibular, no que ele tem de essencial.

Termos em que

P. e E. deferimento.

Data e assinatura do advogado".

Notas: 1) É vedado ao Reclamante modificar o pedido depois de notificado o Reclamado. Antes, porém, é isto permitido, correndo por conta do Reclamante o acréscimo de despesas processuais.

2) No caso vertente, cometeu-se erro grosseiro na elaboração da petição inicial.

Não vemos qualquer inconveniente na respectiva correção, tanto mais que não importa em modificação do pedido.

É certo que o CPC, no art. 463, autoriza o Juiz a corrigir erros da sentença depois de sua prolação.

390.1 Antecipação da Tutela

Exmo. Sr. Dr. Juiz da ...... Vara do Trabalho de ....

Processo n. ....

JOÃO DA SILVA, já qualificado neste processo, por seu advogado infra-assinado, nos autos do processo epigrafado em que litiga com Felipe Sá S/A, vem, com apoio no art. 273 do Código de Processo Civil, requerer lhe seja deferida a antecipação total (ou parcial, conforme o caso) da tutela pelas razões de fato e de direito que aduz em seguida.

1. Postula o Reclamante, nesta ação, a indenização em dobro do tempo que antecedeu a sua opção pelo FGTS – porque sua dispensa não teve motivo justificado.

2. Junta o Reclamante a esta petição documentos que comprovam a precariedade da situação ecônomo-financeira da Reclamada, havendo claros sinais de que, a curto prazo, poderá ser decretada sua falência.

3. Mediante a antecipação da tutela, será possível a execução provisória da v. decisão e, assim, garantir a efetividade da sentença final de mérito.

4. Termos em que

E. deferimento

Data e assinatura do advogado".

Notas: 1) V. item 295.

2) Podem justificar a tutela antecipatória, além do fundado receio de dano irreparável ou de difícil reparação, o abuso do direito de defesa e o manifesto propósito protelatório da Reclamada.

3) O art. 461 do CPC cuida da ação que tem por objeto obrigação de fazer ou não fazer. Se relevante o fundamento da demanda e havendo justificado receio de ineficácia do provimento final, é lícito ao juiz conceder a tutela liminarmente ou mediante justificação prévia, notificado o Reclamado. No caso vertente, poderá o juiz, de ofício ou a requerimento, determinar as medidas necessárias, tais como a busca e apreensão, remoção de pessoas e coisas, desfazimento de obras, impedimento de atividade nociva, além de requisição de força policial.

390.2. Liminar de Reintegração de Dirigente Sindical

Exmo. Sr. Dr. Juiz da .... Vara do Trabalho de ....

Processo n. ....

JOÃO DA SILVA, já qualificado neste processo, por seu advogado infra-assinado, vem, com estribo no inciso X do art. 659 da Consolidação das Leis do Trabalho – CLT, postular sua reintegração no emprego, por meio de medida liminar, isto pelas razões de fato e de direito que expõe em seguida.

1. Em sua defesa, alega a Reclamada que ocorreu a dispensa do Reclamante porque não recebera a comunicação de que ele fora eleito para cargo da diretoria do Sindicato dos Trabalhadores ......

No entanto, há, em anexo à petição inicial, cópia do ofício dirigido à Reclamada fazendo tal comunicação. Nesse documento, está aposta a assinatura do gerente da Reclamada, Sr. ......

2. Em face dessa prova irretorquível de violação ao preceituado no inciso VIII do art. 8º da Constituição da República e do art. 543 da CLT, vem o Reclamante requerer a V. Exa. que, em medida liminar, ordene sua reintegração no emprego.

Termos em que

E. deferimento.

Data e assinatura do advogado".

Notas: 1) Tem a jurisprudência entendido que a estabilidade do dirigente sindical-empregado tem como pré-requisito a comunicação da eleição do empregado ao empregador.

2) Não é viável o pedido de liminar de reintegração quando instaurado, de modo regular, inquérito para apuração de falta grave.

3) É certo que a CLT autoriza o Juiz a reintegrar, liminarmente, no emprego o dirigente sindical. Sua decisão, porém, há de cercar-se das cautelas previstas no CPC (arts. 796 e segs.).

390.3. Desistência da Ação – Petição de acordo

"Exmo. Sr. Dr. Juiz da .... Vara do Trabalho de ....

Processo n. ....

JOÃO DA SILVA e FELIPE SÁ, por seus advogados infra-assinados, nos autos do processo epigrafado, vêm, com fundamento no inciso III do art. 269 do CPC, requerer a extinção desse processo porque acordaram o seguinte:

a) o Reclamado paga ao Reclamante a importância de R$ 2.100,00 (dois mil e cem

reais). As verbas transacionadas estão assim discriminadas:

Verbas indenizatórias:

Verbas salariais:

b) essa importância será paga em três parcelas de R$ 700,00 (setecentos reais), sendo que a primeira já foi recebida pelo Reclamante e as demais serão entregues na Secretaria dessa MM. Vara do Trabalho no dia 10 dos meses subsequentes.

Fica estipulada, desde já, em caso de inadimplemento, a multa de 30% (trinta cento) sobre o saldo remanescente a ser pago.

Termos em

E. deferimento.

Data e assinatura dos advogados".

Notas: 1) Devem os advogados ter poderes especiais para firmar o acordo.

2) A extinção do processo, com julgamento do mérito, também se verifica nas seguintes hipóteses: a) quando a Vara do Trabalho acolhe ou rejeita o pedido do Reclamante; b) quando o Reclamado reconhece a procedência do pedido; c) quando a Vara do Trabalho pronuncia a decadência ou a prescrição; quando o reclamante renuncia ao direito sobre que se funda a ação.

3) Sem julgamento do mérito, extingue-se o processo nas hipóteses arroladas no art. 267 do CPC.

4) O acordo entre as partes só produz efeitos depois de homologado pelo Juiz.

5) V. item 176.

391. Julgamento Antecipado da Lide

"Exmo. Sr. Dr. Juiz da .... Vara do Trabalho de ....

JOÃO DA SILVA, nascido aos ../../.., filho de .... (nome da mãe), brasileiro, maior, casado, ... (profissão ou atividade), portador da Carteira de identidade .... e da CTPS n. ....., série ...., inscrito no CPF/MF sob n. ...., residente e domiciliado em .... (endereço, cidade, estado), CEP ......, vem, por seu(s) advogado(s) infra-assinado(s), instrumento de mandato anexo (DOC n. 1), com escritório à .... tel. .... CEP ...., vem perante V. Exa. propor a presente RECLAMAÇÃO TRABALHISTA em face de Felipe Sá Ltda., inscrita no CNPJ/MF sob o n. ...., estabelecida à .... (endereço, cidade, estado) n. .... CEP pelas razões de fato e de direito que apresenta a seguir:

1. Trabalha para a Reclamada desde 2 de fevereiro de 1992.

A certidão anexa fornecida pela Caixa Econômica Federal prova, insofismavelmente, que a Reclamada jamais recolheu as contribuições ao FGTS.

As cópias autenticadas de fls. de sua Carteira de Trabalho provam, também, à saciedade, que é empregado da Reclamada.

2. Pede o Reclamante:

a) seja a Reclamada condenada a recolher, à conta vinculada do Reclamante, todos os depósitos previstos na Lei n. 8.036, de 11.5.90, com correção monetária e juros moratórios;

b) seja a lide julgada antecipadamente a teor do art. 330 do CPC, aplicável ao processo trabalhista.

Data e assinatura do advogado".

Notas: 1) Não existe qualquer controvérsia acerca da incidência do art. 330 do CPC no processo trabalhista: "O Juiz conhecerá diretamente do pedido, proferindo sentença: I – quando a questão de mérito for unicamente de direito, ou, sendo de direito e de fato, não houver necessidade de produzir prova em audiência; II – quando ocorrer a revelia".

Não se trata de mera faculdade do Juiz o julgamento antecipado da lide. Diz o CPC que ele deverá ter esse procedimento.

A doutrina e boa parte da jurisprudência entendem que o Juiz, no cumprimento desse dispositivo processual, deve conduzir-se com prudência, a fim de não ver sua sentença anulada por haver cerceamento da defesa.

2) É bem de ver que o julgamento antecipado da lide não elimina o direito do Reclamado de defender-se, sob pena de a respectiva sentença ofender dois princípios fundamentais: o do contraditório e o do direito a ampla defesa.

392. Reclamação Trabalhista e Falência do Empregador

"Exmo. Sr. Dr. Juiz da .... Vara do Trabalho de ....

Processo n. ...

JOÃO DA SILVA, nascido aos ../../.., filho de .... (nome da mãe), brasileiro, maior, casado, ... (profissão ou atividade), portador da Carteira de identidade .... e da CTPS n. ....., série ....., inscrito no CPF/MF sob n. ...., residente e domiciliado em .... (endereço, cidade, estado), CEP ......, vem, por seu(s) advogado(s) infra-assinado(s), instrumento de mandato anexo (DOC n. 1), com escritório à .... tel. .... CEP ...., vem perante V. Exa. propor a presente RECLAMAÇÃO TRABALHISTA em face de Felipe Sá Ltda., inscrita no CNPJ/MF sob o n. ...., estabelecida à .... (endereço, cidade, estado) n. .... CEP pelas razões de fato e de direito que aduz em seguida:

1. Foi admitido a serviço da Reclamada a 8 de janeiro de 1960 e nunca optou pelo Fundo de Garantia do Tempo de Serviço.

Seu último salário era de R$ 600,00 (seiscentos reais), como supervisor de todo o setor de produção.

2. A 9 de outubro do corrente ano, foi declarada a falência da Reclamada.

3. A consequente extinção do contrato de trabalho do Reclamante dá-lhe o direito de reivindicar:

a) indenização em dobro, nos termos do art. 497 da CLT, dos 34 anos de serviço, ou seja, 66 salários;

b) férias não gozadas de 92/93 e 93/94;

c) 13º salário de 1993.

4. Requer a notificação do administrador judicial da falência – Sr. Alberico Pereira, com escritório à Avenida Tupinambá n. 457, ... (cidade), ... (estado), CEP .... – para que venha, em audiência, defender a massa, sob pena de revelia e confissão.

Protesta pela produção das provas permitidas em direito, como o depoimento do falido e de testemunhas.

Valor da causa: ....

Data e assinatura do advogado".

Notas: 1) No exemplo do modelo, a empresa interrompeu suas atividades, após a decretação da falência. Se isso não tivesse acontecido, isto é, se a empresa continuasse a operar, os contratos de trabalho dos empregados seriam mantidos.

2) Proclamada judicialmente a quebra da empresa, quem passa a representá-la em juízo é o administrador judicial da falência (é o nome atual do antigo síndico).

3) O crédito do empregado só existirá após o trânsito em julgado da sentença. Como isso pode verificar-se alguns anos depois, o Reclamante deve requerer ao juízo falimentar a reserva de bens que possam assegurar a execução da sentença trabalhista. O pedido deve ser instruído com certidão da Vara do Trabalho informando sobre a existência da reclamatória e o pé em que se acha.

393. Concessão de Liminar em Transferência de Empregado

"Exmo. Sr. Juiz da .... Vara do Trabalho de ....

Processo n. ....

JOÃO DA SILVA, nascido aos ../../.., filho de .... (nome da mãe), brasileiro, maior, casado, ... (profissão ou atividade), portador da Carteira de identidade .... e da CTPS n. ....., série ....., inscrito no CPF/MF sob n. ...., residente e domiciliado em .... (endereço, cidade, estado), CEP ......, vem, por seu(s) advogado(s) infra-assinado(s), instrumento de mandato anexo (DOC n. 1), com escritório à .... tel. .... CEP ...., vem perante V. Exa. propor a presente RECLAMAÇÃO TRABALHISTA em face de Felipe Sá Ltda., inscrita no CNPJ/MF sob o n. ...., estabelecida à .... (endereço, cidade, estado) n. .... CEP pelas razões de fato e de direito que aduz em seguida:

1. Foi o Reclamante contratado para prestar serviços à Reclamada nesta cidade como técnico de manutenção mecânica, a 1º de janeiro de 1970, percebendo atualmente salário de R$ ....

2. No dia 8 do mês de abril corrente, recebeu o Reclamante ordem para ir trabalhar na filial do Estado do Acre (v. documento n. ...).

3. Não são as funções do Reclamante daquelas que têm implícito o direito de o empregador transferir o empregado para outra localidade, *ex vi* do disposto no art. 469 da CLT.

4. Com apoio no inciso IX do art. 659 da CLT, pede o Reclamante liminarmente seja tornada sem efeito a transferência em causa, prosseguindo-se no feito com a notificação da Reclamada para vir defender-se sob pena de revelia e pena de confissão.

Protesta pela produção de provas testemunhal e pericial.

Valor da causa: .....

Data e assinatura do advogado".

Nota: A CLT autoriza a concessão de liminares de reintegração no emprego em duas hipóteses, apenas: a) transferência irregular do empregado (inciso IX do art. 659); b) suspensão ou dispensa de empregado dirigente sindical (inciso X do art. 659).

394. Notificação por Mandado

"Exmo. Sr. Dr. Juiz da .... Vara do Trabalho de ....

Processo n. 01230200406902006

MARIA PIMENTEL, nos autos do processo epigrafado, em que contende com FELIPE SÁ, vem, respeitosamente, requerer a V. Exa. que se digne determinar a notificação da Reclamada por mandado, uma vez que, conforme comunicação da Empresa de Correios e Telégrafos a fls., ela se situa em local onde não há entrega de correspondência pela via postal.

Termos em que

P. e E. deferimento.

Data e assinatura do advogado".

Notas: 1) V. item n. 105.

2) Consoante o § 1º do art. 841 da CLT, se o reclamado criar embaraços ao recebimento da notificação, será ele notificado por edital. Embora a CLT seja omissa quanto à notificação por mandado, entendemos que ela – no caso apontado no modelo *supra* – pode ser admitida no processo trabalhista.

395. Notificação por Edital

"Exmo. Sr. Dr. Juiz da .... Vara do Trabalho de ....

Processo n. 0341200500102004

JOÃO DA SILVA, por seu advogado infra-assinado, nos autos do processo epigrafado em que litiga com FELIPE SÁ, vem requerer a V. Exa. que se proceda à notificação do Reclamado por edital, uma vez que se frustraram as tentativas de notificação pela via postal e por mandado.

Termos em

P. e E. deferimento.

Data e assinatura do advogado".

Notas: 1) v. item 105.

2) É elevada a despesa de uma notificação por edital. É mais uma razão a favor da nossa tese de que a CLT não veda a notificação por mandado.

396. Conflito de Competência

"Exmo. Sr. Dr. Juiz da .... Vara do Trabalho de ....

Processo n. 01234200600202007

JOÃO DA SILVA, por seu advogado infra-assinado, vem suscitar conflito de competência pelas razões que deduz em seguida.

1) O Suscitante foi contratado por Felipe Sá S/A, sediada em São Paulo, para prestar serviços na cidade de Santos.

2) Tendo sido despedido sem motivo justo, o Suscitante reclamou perante a ... Vara do Trabalho do local da prestação de serviços.

Declarou-se esse órgão incompetente para julgar o feito e transferiu-o para a Vara do Trabalho de ....., a qual por sua vez também se julgou incompetente.

3) Configurado o conflito de competência, vem o Suscitante requerer a V. Exa. seja declarado qual a Vara do Trabalho competente para julgar a reclamação.

P. deferimento.

Data e assinatura do advogado".

Notas: 1) V. item 121

2) Consoante o art. 803 da CLT ocorrem os conflitos de competência entre: a) as Juntas de Conciliação e Julgamento e Juízes de Direito investidos na administração da Justiça do Trabalho; b) Tribunais Regionais do Trabalho e órgão da Justiça ordinária.

3) Os conflitos de competência podem ser suscitados: a) pelos Juízes e Tribunais do Trabalho; b) pelo Procurador-Geral e pelos procuradores regionais da Justiça do Trabalho; c) pela parte interessada ou seu representante.

4) Quando o conflito é entre um órgão da Justiça do Trabalho e outro da Justiça comum, a competência é do Superior Tribunal de Justiça.

5) Não se admite suscitação de conflito de competência quando a parte já houver oposto exceção de incompetência.

6) Sendo suscitante do conflito, deve a parte fazer a prova da existência dele.

CAPÍTULO XXXVI
Da Defesa do Reclamado

397. Reclamação de Horas Extras

"Exmo. Sr. Dr. Juiz da .... Vara do Trabalho de ....

Processo n. ....

FELIPE SÁ E CIA. LTDA, estabelecida à Avenida Bragança n. 191, CEP..., CNPJ ...., por seu advogado infra-assinado, com escritório à Rua Sete de Abril n. 345, 5º andar, tel. 255-4412, vem responder ao Reclamante nos seguintes termos:

1. Confirma que ele lhe prestou serviços de 21.3.87 a 1º.2.94.

Seu último salário era de R$ 320,00.

2. Cumpriu o Reclamante, habitualmente, o horário previsto na Lei.

Nas poucas vezes em que teve de realizar trabalho extraordinário, recebeu ele o que lhe era devido.

Os cartões de ponto dos últimos 24 meses indicam, com exatidão, as horas extras que o Reclamante trabalhou.

De notar-se que todos esses cartões estão rubricados pelo Reclamante.

As cópias anexas do recibo de salários demonstram que o trabalho extraordinário, aqui reivindicado, já foi pago.

Em face da prova produzida com esta defesa, espera a Reclamada seja reconhecida a improcedência da reclamatória.

Protesta pela produção de provas permitidas em direito, como o depoimento do Reclamante e das testemunhas.

Justiça.

Data e assinatura do advogado".

Notas: a) Não exige a Lei que o cartão de ponto seja assinado pelo empregado para ter valor.

Entretanto, é prudente que a empresa sempre solicite ao empregado a aposição de sua assinatura nesse documento.

b) Reza a CLT que a defesa do Reclamado deve ser feita em audiência, oralmente.

Estabeleceu-se, porém, a praxe de essa defesa ser apresentada por escrito, cuja leitura o Reclamante pode dispensar.

c) V. item 197.

398. Carta de Preposto

"Exmo. Sr. Dr. Juiz da .... Vara do Trabalho de ....

Processo n. 01234200700202007

Servimo-nos da presente para credenciar o nosso empregado – Ataniel Otto Pereira – a representar-nos no processo epigrafado que tem o Sr. João Silva como Reclamante.

Data e assinatura de um diretor da empresa sobre carimbo".

Notas: 1) O preposto deve ser sempre empregado da empresa e ter conhecimento do ou dos fatos litigiosos, sob pena de confissão.

2) Ver itens 221 e 221.1, em que analisamos o instituto da preposição.

399. Defesa e Arguição de Exceção

"Exmo. Sr. Dr. Juiz da .... Vara do Trabalho de ....

Processo n. 00432200101002006

FELIPE SÁ S/A, sediada nesta cidade à Avenida Bragança n. 191, CEP .... CNPJ..., por seu advogado infra-assinado (v. procuração anexa), com escritório à Rua Sete de Abril n. 345, 5º andar, tels. 255-4412 e 257-8009, na reclamatória apresentada por JOÃO DA SILVA e objeto do processo epigrafado, vem opor exceção de incompetência *ex ratione materiae* dessa MM. Vara do Trabalho pelas razões que expõe em seguida:

1. É o Reclamante um representante comercial autônomo que tinha como representada não apenas a Reclamada, mas também outras firmas como, por exemplo, Anne Mary Confecções Ltda., estabelecida à Avenida Real Grandez n. 125; Jacob Gabrieli S/A, com sede à Rua dos Violões n. 129, e Giselle Modas S/A, sediada à Rua dos Cactus n. 567.

As declarações anexas, firmadas por diretores dessas empresas, provam que eram representadas por João da Silva.

O contrato de representação do Reclamante foi desfeito em obediência às prescrições da Lei n. 4.886, de 9.12.65 (regula as atividades dos representantes comerciais autônomos).

Não nega a Reclamada que, durante algum tempo, foi o Reclamante seu empregado.

Mas a verdade é que coube ao Reclamante a iniciativa de, como empregado, transformar-se em representante comercial autônomo.

Espera o excipiente ver acolhida a arguição da exceção de incompetência em razão da matéria

Data e assinatura do advogado".

Notas: 1) V. itens 115, 116, 117 e 197 sobre exceções.

2) Consoante o art. 799 da CLT só as exceções de suspeição e incompetência acarretam a suspensão do feito; as demais exceções serão alegadas como matéria de defesa.

3) Apresentada a exceção de incompetência tem o Juiz o prazo de 24 horas para abrir vista dos autos ao exceto (no modelo *supra* é o Reclamante), devendo a decisão ser proferida na primeira audiência ou sessão que se seguir.

4) Não cabe qualquer recurso contra decisão sobre exceções de suspeição e de incompetência, salvo quanto a esta se terminativa do feito. O art. 799, § 2º, autoriza a parte a alegar novamente a exceção em recurso cabível na espécie.

5) A exceção de suspeição apresentada contra Juiz ou Tribunal será apreciada em audiência designada dentro de 48 horas.

6) Chama-se excipiente a pessoa que argui a exceção; excepto contra quem é arguida a exceção.

7) Quando da abertura da audiência de instrução e julgamento da reclamatória, o Reclamado deve apresentar a petição em que opõe a exceção junto com aquela outra em que faz a defesa do mérito.

8) Prejudicial é também matéria de defesa e consiste na apresentação de questão da qual depende o julgamento, como a prescrição, por exemplo.

9) Coisa julgada é preliminar suscitada pelo Reclamado para dizer que o objeto da reclamatória já foi julgado em outro processo, cuja sentença passou em julgado. A respectiva prova é feita com certidão fornecida pela Vara do Trabalho que proferiu a sentença (V. item 245).

10) Em havendo identidade das partes, do objeto e do fundamento do pedido, configura-se a litispendência.

É preliminar que impede o prosseguimento de reclamação nova.

Exemplo: numa Vara do Trabalho o empregado pede o pagamento de horas extras a seu empregador; numa outra Vara renova o mesmo pedido e contra o mesmo empregador.

11) Admite a lei a arguição simultânea de mais de uma exceção, como, por exemplo, a de *ratione loci* e em razão da matéria.

400. *Defesa e Reconvenção*

"Exmo Sr. Juiz da .... Vara do Trabalho de ....

Processo n. 01234200002002005

FELIPE SÁ S/A, estabelecida à Rua Ana dos Anjos n. 189, CEP .... CNPJ ...., nos autos da reclamatória (processo em epígrafe) em que João da Silva aparece como Reclamante, vem ajuizar reconvenção pelas razões de fato e de direito que oferece em seguida.

1. O Reconvindo trabalhou para a Reconvinte no período de 1º.2.91 a 31.1.94, quando foi dispensado por haver praticado falta grave, qual seja, a de agredir seu chefe imediato.

A certidão anexa expedida pela Delegacia de Polícia prova cabalmente a ocorrência.

2. Não tem, portanto, o Reconvindo direito à indenização prevista em lei nem às férias proporcionais.

Pede o Reconvinte a declaração, por essa MM. Vara do Trabalho, da existência da falta grave que justificou a dissolução do contrato de trabalho do Reconvindo.

3. Requer a notificação do Reconvindo para responder aos termos desta ação, sob pena de revelia e confissão.

Protesta o Reconvinte pela produção de todas as provas permitidas em direito como a documental, pericial e testemunhal.

Data e assinatura do advogado".

Notas: 1) V. item 198 sobre a matéria deste.

2) A praxe é a reconvenção ser oferecida depois de apresentada a defesa em audiência.

3) A reconvenção e a reclamação seguem, paralelamente, o mesmo curso.

4) Na reconvenção, o ônus da prova é do reconvinte.

5) Comparecendo à audiência apenas para reconvir, deixando de se defender na ação principal, torna-se – nesta – revel.

6) Em doutrina e na jurisprudência dos tribunais, tem-se entendido que não se aceita reconvenção de reconvenção.

401. Carência de Ação

"Exmo. Sr. Dr. Juiz da .... Vara do Trabalho de ....

Processo n. 00001200700102003

FELIPE SÁ S/A, estabelecida nesta cidade à Avenida dos Coqueiros n. 239, CEP ..., CNPJ ...., por seu advogado infra-assinado (v. procuração anexa), com escritório à Rua Sete de Abril n. 345, 5º andar, tels. 255-4412 e 257-8009, na reclamatória proposta por JOÃO DA SILVA e objeto do processo epigrafado, vem dizer o seguinte:

1. É o Reclamante carecedor de ação, uma vez que o Reclamado é parte ilegítima *ad causam*.

Há algum tempo, vendeu seu estabelecimento industrial a Pedro Penido Álvares, estabelecimento em que o Reclamante trabalhou.

As certidões anexas emitidas pela Junta Comercial não deixam qualquer dúvida a respeito.

De consequência, requer a V. Exa. o chamamento à lide de quem é realmente o empregador do Reclamante.

Termos em que

P. e E. deferimento

Data e assinatura do advogado".

Notas: 1) V. item 67.

2) Requerida, em audiência, a denunciação da lide, a Vara do Trabalho providenciará a notificação do denunciado para que venha defender-se na ação.

3) Se o denunciante se obrigara a responder por quaisquer encargos trabalhistas, é inócuo o denunciado invocar essa obrigação no foro trabalhista. Poderá servir-se dela, na Justiça Comum, numa ação regressiva.

402. Impugnação do Valor da Causa

"Exmo. Sr. Dr. Juiz da .... Vara do Trabalho de ....

Processo n. 00002200600102004

FELIPE SÁ S/A, no processo em epígrafe e em que lhe é *ex adverso* JOÃO DA SILVA, vem, por seu advogado e com apoio no § 1º do art. 2º da Lei n. 5.584, de 26 de junho de 1970, impugnar o valor dado à causa, situado muito aquém do que realmente pretende o Reclamante.

De fato, só as horas extras – em número superior a cem (estimativa por baixo) – e as férias não gozadas levam a um total muito superior a quarenta salários mínimos.

Termos em que

P. e E. deferimento.

Data e assinatura do advogado".

Notas: 1) v. item n. 182.

2) Exige a Lei n. 5.584 que a impugnação do valor da causa se faça antes da apresentação das razões finais. No processo civil, é isso feito no prazo da contestação.

3) Indeferido o pedido pela Vara do Trabalho, tem o interessado 48 horas a contar da ciência da decisão, para postular sua revisão perante o Presidente do Tribunal Regional do Trabalho a revisão. Essa revisão não suspende o processo.

O pedido deve ser instruído com a petição inicial e cópia autenticada da ata da audiência da Junta. Tem a Presidência do Tribunal 48 horas para decidir sobre o pedido da revisão.

4) O valor dado à causa define a alçada. É ressabido que muitos atribuem à ação valor inferior ao real para que seja adotado o procedimento sumaríssimo.

O procedimento sumário não permite ampla produção das provas nem facilita o acesso ao Tribunal Superior do Trabalho.

De qualquer modo, fica evidente que, conforme a natureza do pedido do Reclamante, não convém ao Reclamado o procedimento sumário.

403. Ilegitimidade da Substituição Processual

"Exmo. Sr. Dr. Juiz da .... Vara do Trabalho de ....

Processo n. 987/94

FELIPE SÁ S/A, estabelecida à Alameda Nachta n. 239, CEP ..., CNPJ ..., por seu advogado infra-assinado (v. procuração anexa), com escritório à Rua dos Franceses n. 30, 5º andar, tel. 3262-0321, vem responder ao pedido do Reclamante SINDICATO DE EMPREGADOS .... nos seguintes termos:

1. Preliminarmente, argui a ilegitimidade de parte do Sindicato de Empregados ...., pois em verdade não é substituto processual dos Reclamantes nomeados na petição inicial.

A Lei n. 8.073, de 30 de julho de 1990, só autoriza o Sindicato a ser substituto processual de todos os integrantes da categoria quando se tratar de demanda visando à satisfação de reajustes específicos, resultantes de disposição prevista em lei de política salarial.

Ainda nessa linha de raciocínio, de ressaltar-se que substituição processual tão ampla é restrita a reajustes salariais expressamente previstos em lei de política salarial.

Ora, no caso vertente, o Sindicato Reclamante formula para toda a categoria que representa uma vantagem que não tem natureza salarial, o que torna ilegítima a substituição processual.

Mérito

Data e assinatura do advogado".

Notas: 1) V. itens 54 e 54.4

2) Em toda a processualística moderna, a questão da substituição processual é regulada com certo rigor. Qualquer excesso nesse particular importa em ofensa ao direito do cidadão de levar à Justiça qualquer lesão ou ameaça a seu patrimônio.

No CPC só se admite em casos expressos em lei.

A CLT afina por esse diapasão, embora haja dado ao instituto maiores dimensões. Contudo, como destacamos no item 54.4, o Supremo Tribunal Federal entendeu que o sindicato tem a ampla capacidade processual para a defesa de qualquer tipo de interesse de seus representados seja na fase de conhecimento, seja na fase de cumprimento da sentença exequenda.

404. Defesa e Prescrição

"Exmo. Sr. Dr. Juiz da .... Vara do Trabalho de ....

Processo n. 856/94

FELIPE SÁ S/A, estabelecida à Avenida Nachta n. 349, CEP ..., CNPJ ..., por seu advogado infra-assinado, com escritório à Rua dos Franceses n. 30, 5º andar, tel. 3262-0321, vem contestar ao pedido do Reclamante JOÃO DA SILVA, nos seguintes termos:

1. Prescreveu o direito de ação do Reclamante.

Foi dispensado a 5 de abril de 1991, como o prova a cópia autenticada do instrumento rescisório.

A ação foi ajuizada, precisamente, 2 anos e 8 meses depois da extinção do contrato de trabalho.

E, em razão dessa circunstância, prescreveu o direito de ação do Reclamante *ex vi* do disposto no inciso XXIX do art. 7º da Constituição Federal.

2. Mérito

Data e assinatura do advogado".

Notas: 1) V. itens 42 e 43.

2) Sendo a sentença da instância primária reformada pelo Tribunal Regional do Trabalho, devem os autos retornar à origem. Se isso não acontecer, estar-se-á suprimindo uma instância.

3) Embora arguindo a prescrição, deve o Reclamado manifestar-se sobre o pedido do Reclamante.

4) Tratando-se de empregador rural, lembramos que a prescrição do direito de ação do seu empregado consuma-se dois anos após a extinção do contrato.

Todavia, o art. 233 da Constituição Federal permite ao empregador, a cada cinco anos, comprovar, perante a Justiça do Trabalho, o cumprimento das suas obrigações trabalhistas. Essa comprovação é feita em presença do empregado e do seu sindicato.

Reconhecida, em sentença, a exatidão das informações dadas pelo empregador rural, fica ele isento de quaisquer ônus decorrentes daquelas obrigações.

O § 2º do supracitado art. 233 é uma figura da teratologia jurídica. Diz que, em qualquer hipótese, fica ressalvado o direito de postular, judicialmente, os créditos que entender existir, relativamente aos últimos cinco anos.

Se a mesma matéria já foi apreciada em sentença passada em julgado, como rediscuti-la posteriormente?

405. Defesa e Decadência

"Exmo. Sr. Dr. Juiz da .... Vara do Trabalho de ....

Processo n. 832/94

JOÃO DA SILVA, brasileiro, maior, casado, industriário, residente à Rua das Roseiras n. 345, CEP ..., Carteira de Trabalho série .... n. ..., por seu advogado infra-assinado (v. procuração em anexo), com escritório à Rua Sete de Abril n. 345, 5º andar, tels. 255-4412 e 257-8009, vem responder ao requerido por Felipe Sá S/A no processo acima indicado.

1. Trata-se de inquérito judicial para apuração de falta grave que se imputa ao Requerido como estabilitário que é.

A teor do art. 853 da CLT tinha a Requerente 30 dias para requerer o inquérito judicial em causa.

Mas, veio o Requerente a Juízo depois de 45 dias da ocorrência em que se envolveu o Requerido (luta corporal com um colega de serviço).

Afora isso, é certo que o Requerente não promoveu a suspensão do Requerido.

À evidência, está configurada a decadência do direito do Requerente de promover a instauração de inquérito judicial.

Deixando de suspender, de imediato o Requerido, é fora de dúvida que o Requerente não considerou o fato muito grave, dando-lhe perdão tácito.

Mérito

Data e assinatura do advogado".

Notas: 1) V. item 43.

2) Estabelece a CLT, no art. 853, que o empregador tem prazo de 30 dias para ajuizar inquérito para apuração de falta grave, a contar da data da suspensão do empregado.

Estatuindo ser esse o termo inicial do período de decadência, deu o legislador mostras de singular objetividade. Compreendeu que, muitas vezes, o empregador só vem a tomar conhecimento da falta grave de autoria do empregado muito tempo depois da sua ocorrência.

Entretanto, se ficar provado que ele – o empregador – sabia da falta grave e levou muito tempo para tomar a providência prevista no art. 853 da CLT, é lícito ao empregado alegar perdão tácito.

406. Reclamação sobre Anotação de Carteira de Trabalho na Superintendência Regional do Trabalho e Emprego (ex-DRT)

"Ilmo. Sr. Superintendente Regional do Trabalho e Emprego neste Estado

JOÃO DA SILVA, brasileiro, maior, casado, comerciário, residente nesta cidade à Avenida das Palmeiras n. 456, CEP 45890-000, representado pelo Sindicato dos Empregados no Comércio desta cidade como o autoriza o art. 36 da CLT, vem requerer a lavratura de termo de reclamação contra a empresa Felipe Sá S/A, situada à Avenida dos Cedros n. 980, CEP 23450-000, por falta de anotação na Carteira de Trabalho.

Realizada a diligência a que faz menção o art. 37 da CLT e persistindo a recusa, seja o Reclamado notificado para comparecer, em dia e hora fixados por V. Sa., para prestar esclarecimentos ou efetuar as anotações na Carteira de Trabalho.

Se não atender à notificação, deve a empresa ser considerada revel e, por despacho de V. Sa., feitas as anotações requeridas.

Termos em que

P. e E. deferimento.

Data e assinatura do representante do Sindicato, devidamente credenciado".

Notas: 1) Segundo a CLT, art. 36, o trabalhador deve reclamar pessoalmente – ou por intermédio de seu sindicato – na SRTE (ex-DRT). O dispositivo silencia quanto à possibilidade de o empregado ser representado por um advogado. Ao nosso ver, é lícita essa representação.

2) Se, sem embargo da diligência e dos esclarecimentos do empregador, permanecer a dúvida sobre procedência da reclamação do empregado, deve a autoridade trabalhista enviar os autos à Justiça do Trabalho, para decisão final.

407. Defesa em Reclamação de Anotação na Carteira de Trabalho na Superintendência Regional do Trabalho e Emprego (ex-DRT)

"Ilmo. Sr. Superintendente Regional do Trabalho e Emprego neste Estado

FELIPE SÁ S/A, estabelecida nesta cidade à Rua das Flores n. 475, CEP ..., CNPJ ..., por seu advogado infra-assinado (v. instrumento procuratório em anexo) na reclamação formulada nessa Superintendência Regional do Trabalho por JOÃO DA SILVA, vem dizer, em sua defesa, o seguinte:

1. O Requerente trabalhou, de janeiro de 1993 a fevereiro de 1994, na Requerida.

Foi dispensado e recebeu todas as verbas previstas em lei e, na oportunidade, prometeu devolver à Requerida ferramentas que se encontravam em seu poder.

Entretanto, decorridos dois meses, o Requerente não cumpriu sua promessa.

Para constrangê-lo a devolver o que lhe pertence, a Requerida reteve sua Carteira Profissional.

Justiça.

Data e assinatura do advogado".

Notas: 1) Tal espécie de reclamação, na esfera administrativa, pode ser feita pelo próprio interessado, por um advogado ou pelo respectivo sindicato.

2) Se a diligência comprovar que o Requerente foi, de fato, empregado da Requerida e que encontrou em seus registros contábeis dados precisos sobre a despedida do empregado; se a defesa da Requerida não anulou as informações contidas no auto da diligência, o Superintendente Regional do Trabalho e Emprego (ex-Delegado Regional do Trabalho), com apoio no art. 39 da CLT, pode ordenar as anotações pedidas pelo empregado.

3) Se, porém, a defesa da empresa consistir na negação do vínculo empregatício e houver a impossibilidade de apurar-se a procedência, ou não, dessa alegação, deve a autoridade trabalhista encaminhar o feito à Justiça do Trabalho.

4) No caso do modelo *supra*, a empresa retem a Carteira de Trabalho para garantir a devolução de ferramentas de sua propriedade em poder do Requerente.

Esse procedimento é irregular. Afora isso, impede o Requerente de obter trabalho e de prover à própria subsistência.

A nosso ver, não se trata de uma das figuras de retenção previstas no Código Civil e mencionadas no art. 767 da CLT.

De conseguinte, cabe ao Superintendente Regional do Trabalho e Emprego (ex-Delegado Regional do Trabalho) exigir a devolução do documento e nele fazer as anotações que a Requerida se recusa a fazer.

408. Defesa em Reclamação na Justiça do Trabalho sobre Falta de Anotação na Carteira de Trabalho

"Exmo. Sr. Juiz da .... Vara do Trabalho de ......

Processo n. 458/94

FELIPE SÁ S/A, estabelecida nesta cidade à Avenida das Mangueiras n. 879, CEP ..., CNPJ ..., no processo epigrafado em que litiga com JOÃO DA SILVA, vem, por seu advogado infra-assinado (v. procuração em anexo), defender-se nos seguintes termos:

1. O Reclamante prestou serviços eventuais à Reclamada, como jardineiro.

Cada dois ou três meses era contratado para cuidar do gramado que circunda o estabelecimento da Reclamada.

2. Apresenta a Reclamada os recibos firmados pelo Reclamante das importâncias que lhe foram pagas pelos serviços prestados.

É fora de dúvida que o Reclamante não foi e não é empregado da Reclamada.

Consequentemente, não tem ele direito ao que pede:

a) férias não gozadas;

b) 13º salário;

c) depósitos fundiários;

d) indenização.

Protesta pela produção de todas as provas permitidas em direito, como o depoimento de testemunhas e do Reclamante.

Data e assinatura do advogado".

Notas: 1) Com fundamento no art. 39 da CLT, o Superintendente Regional do Trabalho e Emprego (ex-Delegado Regional do Trabalho) encaminha à Justiça do Trabalho o processo em que se pede anotação de Carteira Profissional, desde que não lhe seja possível apurar a procedência da alegação do empregado.

2) No caso em apreço, cabe ao Reclamante fazer a prova, por meio de testemunhas, que realizava trabalho permanente e subordinado na empresa da Reclamada.

3) O Reclamante, ao formular o pedido de verbas rescisórias, deve incluir o de anotação da Carteira de Trabalho. Persistindo a recusa da Reclamada, o art. 39, § 1º, da CLT autoriza a Vara do Trabalho, em sua sentença, a determinar a anotação da Carteira pela Secretaria.

409. Adicional de Insalubridade e Revisão da Sentença

"Exmo. Sr. Juiz da .... Vara do Trabalho de ....

Processo n. 567/89

FELIPE SÁ S/A, estabelecida nesta cidade à Avenida dos Gravetos n. 237, CEP ..., CNPJ ..., por seu advogado infra-assinado (v. procuração em anexo), nos autos do processo epigrafado, vem expor e requerer o seguinte:

1. Teve o processo em tela como objeto pedido de adicional de insalubridade ao grau máximo por JOÃO DA SILVA.

Foi a Requerente, em sentença passada em julgado, condenada a pagar ao Requerido o adicional já citado.

2. Posteriormente, a Requerente promoveu uma série de modificações no seu processo de produção, eliminando totalmente os agentes que produziam a insalubridade.

3. Com fundamento no inciso I do art. 471 do CPC, vem pedir a essa MM. Vara do Trabalho a revisão da veneranda sentença no ponto em que condenou a Requerente a pagar o citado adicional.

4. Requer:

a) a intimação do Requerido para vir manifestar-se sobre este pedido;

b) no caso de o Requerido negar o fato acima narrado, uma perícia em suas instalações.

Termos em que

P. e E. deferimento".

Notas: 1) Reza o art. 471 do CPC: "Nenhum Juiz decidirá novamente as questões já decididas, relativas à mesma lide, salvo: I – se, tratando-se de relação jurídica continuativa, sobreveio modificação no estado de fato ou de direito, caso em que a parte poderá pedir a revisão do que foi estatuído na sentença".

É fácil compreender que o exemplo do modelo *supra* se enquadra nessa norma processual.

2) Pode a empresa anexar laudo dos técnicos que removeram os agentes geradores de insalubridade. Se o empregado não negar validade a esse documento, talvez a Vara do Trabalho dispense a perícia.

410. Defesa e Compensação

"Exmo. Sr. Juiz da ..... Vara do Trabalho de ....

Processo n. 238/94

FELIPE SÁ S/A, estabelecida à Avenida das Flores n. 289, CEP ..., CNPJ ...., nos autos do processo epigrafado em que contende com João da Silva, vem, por seu advogado infra-assinado, defender-se nos seguintes termos:

1. Quanto ao mérito ....

2. Se a Reclamada for condenada a pagar alguma importância ao Reclamante pede a compensação da quantia de R$ 760,00 correspondente a adiantamentos feitos (v. vales assinados pelo Reclamante) e do salário referente ao aviso prévio porque o Reclamante abandonou o emprego sem dar pré-aviso à Reclamada.

Protesta pela produção de provas permitidas em direito, como o depoimento do reclamante e de testemunhas.

Data e assinatura do advogado".

Notas: 1) V. item 199.

2) É a compensação matéria de defesa. Assim, se não for apresentada com a defesa, fica precluso o direito do Reclamado. É certo, porém, que noutro processo lhe será possível reivindicar as referidas verbas.

411. Conciliação

"Exmo. Sr. Dr. Juiz da ..... Vara do Trabalho de ....

Processo n. 467/2001

JOÃO DA SILVA E FELIPE SÁ S/A, por seus advogados infra-assinados, vêm comunicar a V. Exa. que acordaram em pôr fim ao processo em epígrafe porque conciliaram seus interesses nas seguintes bases:

a) a Reclamada recolherá à conta vinculada do Reclamante as contribuições do FGTS referentes aos meses de janeiro a dezembro de 2000;

b) pelas horas extras, recebe o Reclamante R$ 400,00;

c) as custas serão suportadas integralmente pela Reclamada.

Requerem a V. Exa. a homologação do ajuste e fixação de prazo de 5 dias úteis para Reclamada cumprir sua parte no acordo (exibição em cartório do comprovante dos depósitos do FGTS) e entrega da quantia de R$ 400,00.

A multa será de R$ 200,00 se a Reclamada descumprir o acordo e este valerá como título executivo judicial.

Data e assinatura dos advogados".

Notas: 1) Ver item 201.

2) Quando a conciliação resulta de proposta do Juiz do Trabalho, lavrar-se-á um termo que, depois de assinado pelas partes, vale como sentença irrecorrível.

3) Entendemos ser a conciliação admissível mesmo depois de julgada a ação.

4) Feita, em audiência, proposta de conciliação pelo Juiz do Trabalho, é dado ao Reclamado – por seu advogado ou não – aceitá-la ou fazer uma contraproposta baseada no pagamento em 2, 3, 4 ou mais prestações. Se aprovada pela outra parte, lavra-se o respectivo termo. No vencimento de cada prestação, terá o Reclamado de ir à Secretaria da Vara do Trabalho e depositar o valor correspondente. Sua inadimplência acarreta o vencimento imediato de todas as prestações. A certidão da Secretaria da Vara do Trabalho, comprovando a inadimplência e o *quantum debeatur* do Reclamado, passa a ser um título executivo.

5) Só com poderes especiais o advogado poderá assinar petição propondo extinção do processo devido à conciliação extra-autos (art. 38 do CPC).

CAPÍTULO XXXVII
Da Prova

412. Retratação da Confissão

"Exmo. Sr. Dr. Juiz da .... Vara do Trabalho de ....

Processo n. 879/05

FELIPE SÁ S/A, no processo *supra* em que litiga com JOÃO DA SILVA, vem retratar-se da confissão de fls. pelos motivos que relaciona a seguir:

1) Seu preposto – Almerindo da Silva – louvou-se equivocadamente em dados extraídos da ficha de registro de outro empregado que não a do Reclamante (v. cópia autenticada anexa).

Por essa razão, declarou em seu depoimento em que o Reclamante não optara pelo FGTS e, por isso, era estável no emprego.

O documento n. 2 prova, à saciedade, que o Reclamante era optante do FGTS e, de conseguinte, não era estável.

2) Retratando-se da confissão feita, seja sua confissão de fls. ...... substituída pela declaração de que o Reclamante não era estável.

Data e assinatura do advogado".

Notas: 1) V. itens 192 e 216.

2) De conformidade com o disposto no art. 352 do CPC, "a confissão, quando emanar de erro, dolo ou coação, pode ser revogada: I – por ação anulatória, se pendente o processo em que for feita; II – por ação rescisória, depois de transitada em julgado a sentença da qual constituir o único fundamento".

Escusado dizer que essa norma processual não se conforma aos princípios da economia e celeridade processuais que ganham a maior ênfase no processo trabalhista.

O que se sugere no modelo se harmoniza com as características do processo trabalhista.

Essa retratação deve ser aceita em qualquer grau de jurisdição, enquanto a sentença não se tiver tornado irrecorrível.

413. Carta Precatória de Testemunhas

"Exmo. Sr. Dr. Juiz da .... Vara do Trabalho de ....

Processo n. 589/03

JOÃO DA SILVA, por seu advogado infra-assinado, nos autos do processo em que litiga com FELIPE SÁ S/A, vem requerer a V. Exa. o encaminhamento à MM. Vara do Trabalho deprecada do seguinte rol de perguntas que as testemunhas, ouvidas mediante precatória, deverão responder:

1) Sabe que o Reclamante trabalhava numa seção em que a insalubridade, já reconhecida judicialmente para alguns empregados, era de grau médio?

2) É certo que, de 2ª a 6ª feira, ele trabalhava das 8 às 20 horas, com uma hora para refeição?

3) Viu o Gerente da empresa despedir o Reclamante sem alegar qualquer motivo?

Termos em que P. e E. deferimento.

Data e assinatura do advogado".

Notas: 1) V. item 104.

2) É precatória a carta dirigida a magistrado do mesmo grau hierárquico; de ordem quando emanada de magistrado de grau mais elevado; rogatória quando enviada a Juiz estrangeiro.

3) É bem de ver que cabe à parte interessada apresentar as perguntas que as testemunhas terão de responder perante o Juízo deprecado.

414. Contradita da Testemunha

"MM. Juiz

Como defensor do Reclamado, desejo contraditar a testemunha porque tem ela interesse no litígio. Trabalha na mesma seção que o Reclamante afirma ser insalubre".

Notas: 1) V. itens 217, 218 e 219.

2) A declaração *supra* se faz em audiência, logo após a qualificação da testemunha.

3) V. §§ 2º e 3º do art. 405 do CPC com os casos de impedimento e de suspeição de testemunha

415. Substituição de Testemunhas

"MM. Juiz da .... Vara do Trabalho de ....

Processo n. 487/94

JOÃO DA SILVA, no processo epigrafado em que litiga com FELIPE SÁ S/A, vem respeitosamente requerer a V. Exa. a substituição das testemunhas Benedito de Souza e Luiza Cavalheiro por Ramiro dos Santos, residente à Avenida das Violetas n. 234 e Ruy de Oliveira, residente à Rua das Pedras n. 456.

O pedido *supra* é motivado pela circunstância das testemunhas primitivamente arroladas terem sido transferidas para outro Estado.

Requer, finalmente, a intimação das testemunhas agora arroladas.

Termos em que P. e E. Deferimento.

Data e assinatura do advogado".

Notas: 1) V. itens 217, 218 e 219.

2) A hipótese do exemplo não é focalizada na CLT. A questão de substituição das testemunhas é regulada pelo art. 408 do CPC que só a admite em caso de falecimento, de enfermidade ou de não ter sido encontrado pelo oficial de justiça por haver mudado de residência. Na Justiça do Trabalho já se estabeleceu a praxe de a parte substituir suas testemunhas até por motivos distintos daqueles indicados no CPC.

416. Produção Antecipada da Prova Testemunhal

"Exmo. Sr. Dr. Juiz da .... Vara do Trabalho de ....

JOÃO DA SILVA, brasileiro, maior, casado, industriário, residente à Rua das Flores n. 489, CEP ..., portador da Carteira de Trabalho série ... n. ..., por seu advogado infra-assinado (v. procuração em anexo), pede vênia para, a final, solicitar o seguinte:

1. É desejo do Requerente propor ação contra Felipe Sá S/A, estabelecida à Rua dos Alhos n. 546, CEP ...., porque o dispensou sem pagamento da indenização legal sob a acusação de haver agredido o gerente da empresa.

Para o correto esclarecimento do fato, é imprescindível o depoimento das testemunhas Ângelo dos Santos e Sigismundo Pereira, residentes, respectivamente, à Avenida das Hortênsias n. 768, CEP ... e Alameda dos Guaranis n. 834, CEP... que, dentro em pouco viajarão para outro Estado da Federação.

Presenciaram a agressão que o Requerente sofreu por parte do Gerente da Requerida.

Em razão de todo o exposto, requer a prévia inquirição das referidas testemunhas com fundamento nos arts. 846 e 847 do CPC, intimando-as a comparecer na audiência que para esse fim for designada.

Requer seja notificada Requerida para comparecer à mesma audiência.

Data e assinatura do advogado".

Notas: 1) Ver itens 217, 218 e 219.

2) Tomado o depoimento das testemunhas, os autos permanecerão em cartório e integrarão os autos principais da reclamatória, quando do ajuizamento desta.

417. Perícia Antecipada

"Exmo. Sr. Dr. Juiz da .... Vara do Trabalho de ....

JOÃO DA SILVA, brasileiro, maior, casado, industriário, residente à Rua das Violetas n. 653, CEP ..., portador da Carteira de Trabalho série ..., n. ... vem expor e, a final, solicitar a V.Exa. o seguinte:

1. Vai o Requerente dentro em pouco propor ação contra FELIPE SÁ S/A, estabelecida à Avenida Ita n. 639, para cobrança de adicional de insalubridade.

2. Acontece que a Requerida já se prepara para proceder a uma completa reforma da seção em que trabalha o Requerente, dando sumiço aos elementos geradores de insalubridade no local de trabalho.

Por essa razão requer vistoria *ad perpetuam* a ser procedida por perito nomeado por V. Exa., o qual deverá responder aos seguintes quesitos:

1º – Deixam os equipamentos escapar poeira de sílica?

2º – Têm esses equipamentos sinais de uso de vários anos?

3º – Há exaustores na seção?

Pede seja intimada a Requerida do conteúdo deste pedido a fim de apresentar seus quesitos.

E. deferimento.

Data e assinatura do advogado".

Notas: 1) V. item 296.

2) Se a Requerida não acompanha a perícia ou não se manifesta sobre as conclusões do laudo, fica precluso seu direito de impugná-las nos autos principais.

3) O pedido *supra* se funda nos arts. 846 e 849 do CPC.

418. Incidente de Falsidade

"Exmo. Sr. Juiz da .... Vara do Trabalho de ....

Processo n. 765/94

JOÃO DA SILVA, nos autos da reclamatória acima identificada e apresentada contra FELIPE SÁ S/A, vem, por seu advogado infra-assinado, dizer o seguinte:

1. O recibo que instrui a contestação da Reclamada é falso.

Não recebeu o Reclamante qualquer importância a título de indenização.

2. Requer o processamento do incidente de falsidade, com fundamento no art. 390 do CPC.

Requer, outrossim, a notificação da Reclamada para vir manifestar-se sobre a arguição *supra*.

Se a Reclamar continuar afirmando ser o documento autêntico, requer o Reclamante a nomeação de um perito para proceder a exame grafológico do documento.

Requer a intimação da Reclamada sobre o conteúdo deste e para sobre ele manifestar-se.

Termos em que P. e E. deferimento.

Data e assinatura do advogado".

Notas: 1) V. item 224.

2) O incidente de falsidade suspende o processo.

3) Não se procederá a exame pericial se a parte que produziu o documento concordar em retirá-lo e a parte contrária não se opuser ao desentranhamento (parágrafo único do art. 392 do CPC).

4) Cabe ao Juiz indeferir a perícia se o documento não tem qualquer valor para deslinde do litígio.

5) É impugnável a decisão sobre o incidente quando do recurso para instância superior.

6) Pode-se suscitar o incidente em qualquer instância.

7) É dado às partes indicarem assistentes para a perícia.

419. Perícia

"Exmo. Sr. Dr. Juiz da .... Vara do Trabalho de ....

Processo n. 3.456/94

JOÃO DA SILVA, no processo epigrafado em que contende com FELIPE SÁ S/A, vem requerer a realização de uma perícia nos registros contábeis da Reclamada para demonstrar a procedência da reclamação de equiparação salarial.

Depois de deferida a perícia, o Reclamante apresentará quesitos em 5 dias.

Termos em que P. e E. deferimento.

Data e assinatura do advogado".

Notas: 1) v. itens 226 e 227.

2) O perito é nomeado pelo Juiz.

3) Prevê a Lei a indicação pelas partes de assistentes do perito, os quais estão dispensados de compromisso.

420. Honorários Periciais

"Exmo. Sr. Dr. Juiz da .... Vara do Trabalho de ....

Processo n. 1.234/99

JOÃO DA SILVA, por seu advogado infra-assinado, em atenção ao respeitável despacho de fls., vem dizer a V. Exa. que os honorários do Sr. Perito são um tanto elevados, à vista do pouco valor da causa e da singeleza da perícia.

Entende o Reclamante que a quantia de R$ .... remunera satisfatoriamente o trabalho do Sr. Perito.

Requer seja intimado o Sr. Perito a pronunciar-se sobre este pedido e que, a final, V. Exa. decida segundo critério fundado na exposição *supra*.

Termos em que

E. Deferimento.

Data e assinatura do advogado".

Notas: 1) Tem de ser fundamentada a decisão do Juiz sobre os honorários.

2) V. item 226.

3) Os honorários do perito devem ser corrigidos desde a data da decisão que os fixou.

421. Pagamento de Honorários de Perito

"Exmo. Sr. Dr. Juiz da .... Vara do Trabalho de ....

Processo n. ...

Felipe Sá S/A, por seu advogado infra-assinado, nos autos do processo em que litiga com João da Silva, vem declarar que não faz qualquer objeção ao pedido do Sr. Perito.

Requer a expedição da guia para efetuar o depósito.

Data e assinatura do advogado".

Nota: 1) O modelo é para ser usado quando a parte não julgar exagerado o pedido de honorários do Perito.

421.1. Litigante de Má-Fé

"Exmo. Sr. Dr. Juiz da .... Vara do Trabalho de ....

Processo n. ......

JOÃO DA SILVA, por seu advogado infra-assinado, nos autos do processo epigrafado, em que litiga com Felipe Sá S/A, vem, com arrimo nos arts. 16, 17 e 18 do CPC, seja considerado o Reclamado litigante de má-fé pelas razões que passa a expor.

1. Em sua defesa, alegou fatos que a prova produzida nos autos demonstrou serem inverídicos e mesmo incontroversos.

A fls. ... disse que ...

No entanto, os documentos a fls. ..... comprovam, cabalmente, a falsidade dessa alegação.

2. No curso do processo, usou de meios e artifícios de manifesta ilicitude com o intuito de retardar seu desfecho.

3. Em face do exposto, requer o Reclamante a condenação do Reclamado ao pagamento da quantia de R$ ......, para ressarcimento dos prejuízos sofridos e constantes na perda de ....dias de trabalho e gastos com transporte.

Requer, outrossim, que seja intimado o Reclamado a manifestar-se sobre este pedido.

Termos em que

E. Deferimento

Data e assinatura do advogado".

Notas: 1) Do texto legal se infere que a declaração da litigância de má-fé pode ser feita no curso do processo. Se feita depois, a lei não previu preclusão.

Sugerimos tal pedido no final da instrução para facilitar o exame do incidente pelo Juiz.

2) O caso do modelo se refere ao empregado que faltou vários dias ao serviço para atender às exigências do processo.

3) V. item 19.1, em que se analisa a litigância de má-fé.

CAPÍTULO XXXVIII

Trâmites Finais do Processo de Conhecimento

422. Razões Finais

"Exmo. Sr. Dr. Juiz da .... Vara do Trabalho de ....

Processo n. ...

JOÃO DA SILVA, no processo em que litiga com Felipe Sá S/A, vem apresentar suas razões finais, e, se V. Exa. desejar cumprir rigorosamente o art. 850, serão elas lidas em audiência.

1. O Reclamante trabalhou para a Reclamada durante 23 anos.

Durante todo esse período trabalhou em ambiente insalubre, cumprindo jornada de 9 horas.

2. O laudo apresentado pelo Sr. Perito constatou grau médio de insalubridade no ambiente de trabalho.

3. As testemunhas provaram o trabalho em uma hora extraordinária.

4. A Reclamada alegou que dava ao Reclamante Equipamento de Proteção Individual – EPI, mas o Sr. Perito demonstrou que ele não oferecia qualquer proteção porque não anulava o agente produtor da insalubridade.

5. Bem demonstrado ficou nos autos o direito do reclamante ao adicional de insalubridade e às horas extras nos cinco anos anteriores à propositura da ação.

Espera a procedência da reclamatória e a condenação da Reclamada a pagar-lhe as referidas verbas.

Justiça

Data e assinatura do advogado".

Notas: 1) V. item 230.

2) Exige o art. 850 da CLT que, encerrada a instrução do processo, deverão as partes apresentar, oralmente, suas razões finais.

A praxe seguida, sobretudo nas grandes cidades do País, é a entrega à Vara do Trabalho das razões finais por escrito.

423. Embargos de Declaração

"Exmo. Sr. Dr. Juiz da .... Vara do Trabalho de ....

Processo n. 789/99

JOÃO DA SILVA, por seu advogado infra-assinado, vem opor embargos de declaração contra a douta sentença de fls. 49 *usque* 58, com fundamento nos arts. 535 a 538 do Código de Processo Civil pelas razões seguintes:

1. A veneranda sentença condenou a Reclamada a pagar ao Embargante o adicional de insalubridade e as horas suplementares, mas não ordenou o reflexo dessas verbas nas contribuições ao FGTS e à Previdência Social; no cálculo das férias dos períodos de 89/90, 90/91, 91/92, 92/93 e 93/94 e no 13º salário dos anos indicados.

2. Tendo ficado omissos, na douta sentença, os pontos supracitados, requer seja estes embargos de declaração recebidos e providos para o fim de o direito do Reclamante e requerente ficar bem resguardado.

Termos em que P. e E. deferimento.

Data e assinatura do advogado".

Notas: 1) V. item 244.

2) O prazo é de cinco dias para oposição de embargos de declaração, em qualquer instância.

3) Se a parte não interpõe embargos de declaração, fica impedida de impugnar a sentença em recurso para a instância superior. Rejeitados os embargos, aí sim, a parte poderá renovar a impugnação no recurso ordinário.

Inversamente, se a base territorial do sindicato de empregados for menor que a dos empregadores, os efeitos da sentença normativa só serão exigíveis na base do primeiro.

4) Os embargos declaratórios interrompem o prazo recursal. Este reinicia após a publicação da sentença daqueles.

CAPÍTULO XXXIX
Dissídio Coletivo

424. Representação para Instauração de Instância do Dissídio Coletivo

"Exmo. Sr. Dr. Juiz Presidente do Tribunal Regional do Trabalho

Processo n. ...

O SINDICATO DOS TRABALHADORES NAS INDÚSTRIAS METALÚRGICAS DE CAMPOAMAOR, com sede à avenida dos Arcos n. 468, CEP ..., doravante denominado por Suscitante, por seu advogado infra-assinado (v. instrumento procuratório anexo), vem propor ação de dissídio coletivo de comum acordo com o SINDICATO DA INDÚSTRIA METALÚRGICA DESTE ESTADO, com sede à Rua das Macieiras n. 458, doravante denominado Suscitado, na forma do art. 114, § 2º., da Constituição Federal, com redação dada pela Emenda Constitucional n. 45/2004, pelas razões de fato e de direito que se apresentam a seguir:

1. Primeiramente, destaca o Suscitante que o Suscitado concorda com o ajuizamento da presente ação, como poderá ser verificado quando da audiência de conciliação.

Dito isso, aos .... deste mês, realizou-se a assembleia geral dos filiados do Suscitante para estabelecer o rol das reivindicações a ser proposto ao sindicato patronal.

Na oportunidade, ficou assentado que os trabalhadores metalúrgicos desta cidade pedirão:

a) Aumento geral de salários correspondente à taxa da inflação desde o último aumento geral de salários até a data-base – dia ....

b) Aumento real de salários de 9%.

c) Compensação dos aumentos espontâneos concedidos, no período, pelos empregadores, ressalvados os casos de promoção e de término do contrato de aprendizagem.

d) Remuneração de 100% para as horas extras.

e) Constituição de comissão paritária em cada empresa com mais de 200 empregados – com dois representantes destes e dois do empregador, para: a) examinar cada caso de dispensa de empregado e manifestar-se sobre os motivos que a determinaram; b) opinar sobre dúvidas ou divergências na interpretação de pacto coletivo ou de sentença normativa.

f) Garantia do emprego, até o final do mandato de um ano, aos membros da comissão indicada na alínea anterior.

g) Garantia, ao empregado admitido para a função de outro, dispensado sem justa causa, igual salário ao do empregado de menor salário na função, sem considerar vantagens pessoais.

h) Fixação, na empresa, de quadro de avisos do sindicato para comunicação de interesse da categoria profissional, vedada a divulgação de matéria político-partidária ou ofensiva a quem quer que seja.

i) Multa por descumprimento da sentença normativa no valor equivalente a 10% do salário básico em favor do empregado prejudicado.

j) Garantia de salários e consectários ao empregado despedido sem justa causa desde a data do julgamento do dissídio coletivo até 90 dias após a publicação do acórdão, limitado o período total a 120 dias.

k) Taxa de fortalecimento sindical equivalente a dois por cento dos salários de todos os empregados, ressalvado o direito de oposição a esse desconto até 10 dias antes do pagamento do primeiro salário resultante da sentença normativa.

As reivindicações *supra* foram discutidas exaustivamente com o Sindicato patronal e, lamentavelmente, as partes não chegaram a um acordo.

É esta petição instruída com cópias autênticas: a) do edital convocatório da assembleia geral extraordinária para discutir as reivindicações da categoria e decidir pela greve ou pelo recurso à Justiça do Trabalho; b) da ata dessa assembleia geral extraordinária em que se aprovou o rol *supra* de reivindicações e se decidiu que, em caso de impasse, se instaurasse a instância do dissídio coletivo; c) da ata em que se relatam as reuniões com o sindicato patronal e que resultaram infrutíferas (ou de correspondência trocada pelas partes versando o mesmo assunto); d) da última sentença normativa (ou do acordo ou convenção coletiva de trabalho); e) do livro ou das listas de presença dos associados participantes da assembleia deliberativa, ou de outros documentos hábeis à comprovação da representatividade.

Em face de todo o exposto, o Suscitante requer a V. Exa. se digne determinar a citação do Suscitado para comparecer à audiência de conciliação, prosseguindo-se na forma da Lei para, a final, julgar-se procedente o presente do pedido.

Valor da causa: R$ 1.000,00

Data e assinatura do advogado".

Notas: 1) V. itens 250 a 261.

2) A instância do dissídio coletivo também pode ser instaurada: a) pelo sindicato patronal quando as negociações coletivas malograrem ou para pôr fim a um movimento grevista; b) pelo Presidente do respectivo Tribunal Regional do Trabalho, *ex vi* dos arts. 856 e 857 da CLT; c) pelo Ministério Público do Trabalho, quando a greve ameaçar a ordem jurídica ou pôr em risco o interesse público (inciso VIII do art. 83 da Lei Complementar n. 75, de 20.5.93).

3) A exigibilidade de uma sentença normativa fica limitada à base territorial do sindicato de empregados, mas, se este tiver base maior que a do empregador, ficará circunscrita à deste.

3) Inversamente, se a base territorial do sindicato de trabalhadores for menor que a do sindicato patronal, a sentença normativa produzirá efeitos na base territorial do primeiro.

4) A petição inicial deve ter tantas cópias quantos forem os Suscitados.

5) Podem ser suscitados de um dissídio coletivo: a) toda uma categoria econômica; b) algumas empresas ou apenas uma delas. No caso da letra *b*, participarão da assembleia preparatória do dissídio coletivo apenas os empregados das empresas envolvidas no litígio.

6) Há dissídios de natureza econômica (como o do exemplo *supra*) e de natureza jurídica. Há decisórios da SDC do TST exigindo a prévia tentativa de conciliação nos dissídios coletivos de natureza jurídica. A nosso ver, isso não se concilia com a natureza do conflito.

7) Tanto o representante do Ministério do Trabalho como o Ministério Público do Trabalho podem participar da negociação coletiva em busca da composição dos interesses coletivos em conflito.

8) Deve a instância do dissídio coletivo ser instaurada até 60 dias antes da data-base e isso para que a sentença normativa seja exigível no dia imediato ao vencimento da anterior ou do pacto coletivo. Desatendida essa norma (§ 3º do art. 616 da CLT), modifica-se a data-base.

9) Dizia a Súmula n. 177 do TST que estaria em plena vigência o art. 859 da CLT; porém, ela foi cancelada em 28.10.2003. Sua redação era a seguinte: "A representação dos sindicatos para instauração da instância fica subordinada à aprovação da assembleia, da qual participem os associados interessados na solução do dissídio coletivo, em primeira convocação, por maioria de 2/3 dos mesmos ou, em segunda convocação, por 2/3 dos presentes". Entendemos, contudo, que é requisito necessário para a instauração do dissídio coletivo o cumprimento da norma contida no art. 859, da CLT. Ela está recepcionada pela Constituição.

10) Na audiência de conciliação, depois de lida a defesa do Sindicato suscitado, o presidente do Tribunal Regional do Trabalho faz uma proposta de conciliação. Se as partes a rejeitarem, prossegue o feito com a manifestação do Ministério Público do Trabalho e designação da audiência de julgamento. Conciliadas as partes, lavra-se termo equiparado à sentença irrecorrível.

11) As partes antes da audiência da conciliação ou da de julgamento e mesmo na fase recursal podem conciliar-se. A homologação do acordo compete ao Tribunal Regional do Trabalho e, já em grau de recurso o processo, cabe ao Tribunal Superior do Trabalho fazê-lo.

425. *Defesa do Sindicato Patronal no Dissídio Coletivo*

"Exmo. Sr. Presidente do Tribunal Regional do Trabalho

Processo n. ......

O SINDICATO DAS INDÚSTRIAS QUÍMICAS DESTE ESTADO, com sede à Rua do Almirante n. 423, 5º andar, CEP ... por seu advogado infra-assinado (instrumento procuratório em anexo), vem contestar o pedido do SINDICATO DOS TRABALHADORES NAS INDÚSTRIAS QUÍMICAS DESTA CIDADE nos seguintes termos:

1. A categoria econômica representada pelo Suscitado, em assembleia geral extraordinária realizada a 2 de março de 1994, decidiu o seguinte (v. cópia autêntica da ata):

a) conceder aumento geral de salários equivalente à taxa de inflação do período compreendido pelo último aumento geral e a data-base – 1º de abril, compensando-se os aumentos espontâneos concedidos no período, com exclusão daqueles derivados de promoções ou término de aprendizagem;

b) aumento de 4%, a título de produtividade;

c) adicional de horas extras da ordem 50%;

d) vale-transporte;

e) garantia do emprego a quem estiver a um ano da aposentadoria por tempo de serviço ou por velhice;

f) manter inalterados, durante seis meses: a) o custo do transporte dos empregados por ônibus da empresa; b) o preço da refeição fornecida pela empresa.

Sabe V. Exa. que a indústria, nesta quadra, se vê a braços com toda a sorte de dificuldades devido à retração do mercado consumidor e, por isso mesmo, se vê impossibilitada de conceder a seus empregados todas as vantagens contidas no pedido do Suscitante.

Data e assinatura do advogado".

Notas: 1) v. itens ns. 150 a 262.

2) Permite a Lei que o sindicato patronal seja o suscitante num processo de dissídio coletivo.

3) A assembleia patronal deve, também, obedecer ao *quorum* previsto no art. 859 da CLT.

4) O art. 861 da CLT faculta ao empregador fazer-se representar na audiência pelo gerente, ou por qualquer outro preposto que tenha conhecimento do dissídio e por cujas declarações será sempre responsável.

Em se tratando de dissídio coletivo das dimensões do exemplo dado, o Presidente do Sindicato poderá fazer-se representar por qualquer outro diretor devidamente credenciado.

5) Quando se envolverem, no conflito coletivo, empresas situadas em vários Estados, compete ao Tribunal Superior do Trabalho conhecer e julgar o respectivo processo.

426. Recurso no Processo de Dissídio Coletivo

"Exmo. Sr. Presidente do Tribunal Regional do Trabalho

Processo n. ...

O SINDICATO DA INDÚSTRIA DE LATICÍNIOS DESTA CIDADE, por seu advogado infra-assinado, irresignado com o venerando acórdão proferido por esse Egrégio Tribunal, vem interpor recurso para o C. Tribunal Superior do Trabalho, com fundamento na letra *b* do art. 895 da Consolidação das Leis do Trabalho.

Depois de satisfeitas as exigências legais, requer o encaminhamento de suas razões de recorrer à instância superior.

Data e assinatura do advogado".

"Processo n. ... TRT

Recorrente: Sindicato da Indústria de Laticínios de ...

Recorrido: Sindicato dos Trabalhadores na Indústria de Laticínios de ...

Razões do Recorrente

Egrégia Seção de Dissídios Coletivos do TST

Impõe-se a alteração da veneranda sentença normativa prolatada pelo Tribunal *a quo*, no processo epigrafado, em vários pontos e pelas razões de fato e de direito aduzidas em seguida:

1. Iterativa jurisprudência desse E. Tribunal autoriza aumento de salários, por produtividade, da ordem de 4%.

No entanto, o Tribunal *a quo* determinou aumento de 9% a título de produtividade.

2. Reconheceu-se a estabilidade provisória dos membros da Comissão de negociações, o que não tem sido aceito por esse Colendo Tribunal.

3. A remuneração das horas extras foi fixada em 150% do valor da hora normal. Esse percentual é exagerado e não encontra respaldo nos precedentes normativos dessa douta Seção.

4. ...

5. ...

6. Dando provimento ao presente recurso estará essa E. Seção decidindo de conformidade com o bom Direito e com a JUSTIÇA.

Data e assinatura do advogado".

Notas: 1) V. item 259.

2) Ainda que o recurso seja provido, o empregado não terá de devolver o que recebeu a mais. No item acima referido analisamos detidamente esse aspecto da questão.

3) Publicado o acórdão, é ele exigível de imediato.

4) O recurso é recebido, sempre, com efeito devolutivo. Para evitar dano irreparável, resta medida cautelar inominada, cujo modelo é apresentado no item seguinte.

427. Pedido de Efeito Suspensivo do Recurso no Dissídio Coletivo

"Exmo. Sr. Dr. Presidente do Tribunal Superior do Trabalho

Processo n.

O presidente do Sindicato das Indústrias Químicas, sediado em ... à rua .... n. ..., por seu advogado (v. instrumento procuratório em anexo) vem, com apoio no art. 14 da Lei n. 10.192, de 14.2.01, requerer o efeito suspensivo (total ou parcial) do recurso ordinário interposto contra o v. acórdão proferido pelo E.Tribunal Regional do Trabalho da .... no processo de dissídio coletivo n. ..., pelas razões de fato e direito que apresenta em seguida.

1. (Se pretender a suspensão total do acórdão regional, dizer o porquê dessa pretensão; se parcial o efeito suspensivo, relacionar as cláusulas cuja exigibilidade deseja adiar e apresentar as razões de direito).

2. É esta petição instruída com cópias autenticadas dos seguintes documentos: a) representação do suscitante do dissídio; b) defesa do suscitado; c)acórdão impugnado; d) recurso ordinário; e) certidão sobre tempestividade do recurso; f) despacho deferitório do recurso.

Data e assinatura do advogado."

Nota: 1) Na fundamentação do pedido, socorrer-se da Lei n. 8.880/94, da supracitada Medida Provisória, Súmulas e Precedentes normativos da SDC do TST.

428. Ação de Cumprimento

"Exmo. Sr. Dr. Juiz da .... Vara do Trabalho de ...

Processo n. ...

O SINDICATO DOS TRABALHADORES NA INDÚSTRIA DE FIAÇÃO E TECELAGEM DE ...., com sede nesta cidade à Rua dos Balaios n. 568, CEP ...., por seu advogado infra-assinado (v. instrumento procuratório em anexo), vem propor ação de cumprimento do venerando acórdão prolatado pelo E. Tribunal Regional do Trabalho da ... Região no processo de dissídio coletivo n. ... (v. cópia autêntica desse acórdão), contra as empresas Felipe Sá S/A e outras identificadas em separado, tudo com fundamento no art. 872, parágrafo único, da Consolidação das Leis do Trabalho.

1. Em consonância com a decisão supracitada, foram as empresas integrantes da categoria econômica de .... situadas neste município, a pagar, a partir de 1º de abril p. p., a seus empregados os salários com majoração da ordem de ...%.

Lamentavelmente, as empresas aqui referidas não cumpriram essa disposição normativa, como o provam os recibos de salários de alguns de seus empregados que vão em anexo.

2. Pede o Reclamante:

a) o pagamento das diferenças salariais motivadas pelo mencionado acórdão regional, com correção monetária e juros moratórios;

b) inclusão dessas diferenças no cálculo de férias, 13º salário, contribuições ao FGTS e à Previdência Social.

3. Protestando pela produção de provas permitidas em direito, requer a citação das Reclamadas para que, em audiência a ser designada, venham defender-se sob pena de revelia e confissão.

Valor da causa: R$ ...

Data e assinatura do advogado".

Notas: 1) V. item 257.

2) Embora se trate da execução de um acórdão do Tribunal Regional, ela se processa numa Vara do Trabalho.

3) No caso, o Sindicato é substituto processual apenas de seus associados. Os demais empregados poderão reunir-se numa reclamação plúrima para obter o mesmo resultado.

4) Note-se que a ação de cumprimento é proposta contra as empresas e não contra o sindicato que as representou no processo de dissídio coletivo.

5) A sucumbência das empresas não as obriga a pagar honorários advocatícios ao sindicato vencedor.

6) Em sua defesa as empresas devem restringir-se à prova de que cumpriram o acórdão ou a de que não têm condições financeiras para cumpri-lo.

429. Da Oposição no Dissídio Coletivo

"Exmo. Sr. Presidente do Tribunal Regional do Trabalho

Processo n. ...

FELIPE SÁ S/A, estabelecida nesta cidade à Rua dos Remédios n. 457, CEP ... CNPJ ..., por seu advogado abaixo-assinado (doc. n. 1), vem à presença de V. Exa. para oferecer oposição (CPC, arts. 56 a 61) à deliberação do Sindicato do Comércio Varejista de, no processo de dissídio coletivo sob n. ..., em curso nesse C. Tribunal, concordar com um aumento de 60% acima da taxa da inflação e, para ver acolhido seu pedido, diz:

1. O Oposto – Sindicato do Comércio Varejista – está hoje sob o domínio de uma campanha empenhada em eleger-se para a Câmara Federal e, para atingir seus objetivos, não hesita em praticar atos demagógicos destinados a granjear a simpatia dos comerciários.

O outro Oposto – Sindicato dos Empregados no Comércio de ... – deve vislumbrar, na situação já indicada, a possibilidade de obter para seus filiados vantagens acima do suportável pelas empresas.

2. A legislação vigente não prevê aumentos salariais da ordem acima revelada.

A iterativa jurisprudência desse E. Tribunal é em sentido favorável a aumento real de apenas 4% – a título de produtividade.

3. A Opoente quer deferir a seus empregados o que a lei e a jurisprudência (sobretudo os precedentes normativos da Seção de Dissídios Coletivos do TST) autorizam.

4. Em face do exposto, a Opoente quer ser excluída do processo de dissídio coletivo n. ... a fim de em processo posterior discutir com o Oposto Sindicato de Empregados aumento de salários mais adequado à realidade.

5. Requer a citação dos Opostos na pessoa de seus Presidentes ou de seu procuradores para virem manifestar-se sobre o pedido da Opoente.

Requer, outrossim, a distribuição por dependência desta ação.

Valor da causa: R$ 1.000,00

Data e assinatura do advogado".

Notas: 1) V. item 70.

2) Não é fato comum o que se relata no exemplo. Mas o Supremo Tribunal Federal, em caso de interesse de um estabelecimento bancário, admitiu a sua intervenção num processo de dissídio coletivo.

430. Embargos Infringentes

"Exmo. Sr. Presidente da Seção de Dissídios Coletivos (ou Seção Normativa) do TST

Processo n. ....

O Sindicato dos Trabalhadores da Indústria de Laticínios de ... no processo em epígrafe em que litiga com o Sindicato da Indústria de Laticínios de ..., vem, com arrimo na alínea c, do inciso I do art. 2º da Lei n. 7.701, de 21 de dezembro de 1988 opor embargos infringentes ao venerando acórdãos desse Colegiado pelas razões seguintes:

1. É certo que, por ocasião das negociações coletivas, que precederam o ajuizamento do dissídio, não se lavrou qualquer ata nem se elaborou outro qualquer documento.

Todavia, o Suscitado, nas razões de sua defesa, não negou esse fato e faz mesmo alusão aos prévios entendimentos que manteve com o Embargante.

2. O bem lançado voto discrepante do Ministro ... lança a maior luz sobre esse aspecto da questão.

3. Em face do exposto espera que essa Seção reforme o acórdão em tela para entrar no mérito do dissídio.

Justiça.

Data e assinatura do advogado".

Notas: 1) V. item 259.

2) Em consonância com o disposto no inciso V da Instrução Normativa n. 3, de 5 de março de 1993 do TST, não se faz depósito recursal nos processos de dissídio coletivo. O valor que se dá à causa serve apenas para cálculo das custas processuais.

3) O pressuposto dos embargos infringentes em processo de dissídio coletivo é a decisão aprovada sem unanimidade. Não serão recebidos os embargos se a decisão estiver em consonância com precedente jurisprudencial do Tribunal Superior do Trabalho ou da Súmula de sua jurisprudência predominante.

4) Desnecessário sublinhar que os embargos infringentes são oponíveis apenas nos processos de dissídio coletivo.

5) Do que acabamos de observar, deduz-se que o julgamento pela SDC dos dissídios coletivos de sua competência originária parece que se desrespeita o princípio do duplo grau de jurisdição. Recordamos serem da competência originária da SDC do TST, os dissídios coletivos em que as partes se encontrem em mais de uma área sob a jurisdição dos TRTs.

Poder-se-á pensar, para o caso, no recurso extraordinário.

Todavia, ele, a rigor, não transporta a lide para o segundo grau, uma vez que o STF não reexamina toda a matéria litigiosa, mas apenas o decisório que contraria dispositivo constitucional; declarar a inconstitucionalidade de tratado ou lei federal e julgar válida lei ou ato de governo local contestado em face desta da Constituição.

6) O inciso I do art. 102 da Constituição Federal relaciona os casos de competência originária do Supremo Tribunal Federal, casos que excepcionam o princípio do duplo grau de jurisdição.

Esse preceito não admite interpretação extensiva para legitimar as decisões irrecorríveis da SDC do TST em dissídios coletivos de sua competência originária.

430.1. Embargos de Declaração em Processo de Dissídio Coletivo

Exmo. Sr. Dr. Juiz do Tribunal Regional do Trabalho da ..... Região

DD. Relator do

Processo n. ....

O SINDICATO DOS TRABALHADORES NA INDÚSTRIA DE ...., por seu advogado infra-assinado, vem, com estribo no art. 897-A, da CLT, c/c art. 535 do Código de Processo Civil, opor embargos de declaração contra o v. acórdão proferido por esse C. Tribunal no processo de dissídio coletivo acima identificado pelas razões aduzidas em seguida.

1. Na petição inicial, o Embargante solicitou (enunciar o pedido formulado) e sobre esse ponto o v. acórdão não faz qualquer referência.

Data e assinatura do advogado.

Notas: 1) São oponíveis embargos de declaração em ações coletivas do trabalho, tanto nos TRTs como na Seção de Dissídios Coletivos, em petição dirigida ao Relator do processo.

2) O prazo de interposição dos embargos é de 5 dias, o qual interrompe o prazo recursal.

3) A teor do parágrafo único do art. 867 da CLT, os embargos de declaração não suspendem vigência da sentença normativa.

4) Os embargos de declaração não estão sujeitos a preparo.

5) V. item 244.

CAPÍTULO XL
Dos Recursos no Processo Individual

431. Recurso Ordinário

"Exmo. Sr. Juiz da .... Vara do Trabalho de ...

Processo n. ....

JOÃO DA SILVA, por seu advogado infra-assinado, nos autos do processo acima indicado, em que litiga com FELIPE SÁ S/A, irresignado com a veneranda sentença proferida por essa MM. Vara do Trabalho, vem, com apoio no art. 895, letra *a*, da CLT, interpor recurso ordinário para o E. Tribunal Regional do Trabalho.

Requer o encaminhamento àquele Colegiado das suas razões de recorrer, depois de satisfeitas as exigências legais.

Data e assinatura do advogado".

Processo n. 123/94 da MM. Vara do Trabalho
Recorrente: João da Silva
Recorrida: Felipe Sá S/A
Razões do Recorrente
EGRÉGIA TURMA

1. Não pode prosperar a veneranda sentença porque não se concilia com a legislação pertinente nem com a jurisprudência desse C. Tribunal.

2. Recusou o pagamento do abono das férias do Recorrente – 30% – por entender que o período aquisitivo era anterior à promulgação da Constituição Federal de 1988.

No entanto, como bem provado ficou nos autos (v. doc. n. ....) o Recorrente gozou essas férias em 1992, antes da prescrição quinquenal.

3. Não reconheceu a estabilidade do Recorrente, embora a documentação exibida em audiência e anexa aos autos (docs. n. ....) provasse, à saciedade, que o Recorrente foi admitido a serviço da Recorrida a 1º de janeiro de 1967.

4. Deu pela improcedência da ação sem levar na devida conta toda a prova produzida e validou o ato rescisório do contrato de trabalho de iniciativa da Recorrida.

5. Em face de todo o exposto, pede o Recorrente e espera dessa douta Turma a reforma da sentença primária para que sejam reconhecidos seu direito ao abono de férias e à reintegração no emprego com pagamento dos salários relativos ao período de afastamento.

Justiça

Data e assinatura do advogado".

Notas: 1) V. item 269.

2) Recomenda-se a imediata leitura da sentença publicada em audiência ou mediante intimação, a fim de o interessado verificar a ocorrência da omissão de algum ponto importante do litígio.

Detectada qualquer omissão, tem a parte 5 dias para apresentar embargos de declaração. Se não o fizer, fica precluso seu direito de arguir a omissão em recurso à instância superior.

3) Quando o vencido for o empregador, tem ele de efetuar o depósito recursal disciplinado, minuciosamente, na Instrução Normativa n. 3, de 5 de março de 1993, do TST, interpretando o art. 8º da Lei n. 8.542, de 23 de dezembro de 1992.

4) Se vencedor o empregado e o recurso do empregador for recebido apenas em seu efeito devolutivo, admite-se a execução provisória da sentença, como logo mais será detalhado.

5) Ocioso dizer que o recurso ordinário devolve toda a matéria – de fato e de direito – ao Tribunal Regional do Trabalho.

431.1. Recurso Ordinário Adesivo

"Exmo. Sr. Juiz da ... Vara do Trabalho

Processo n. ...

FELIPE SÁ S/A, nos autos do processo epigrafado, em que litiga com JOÃO DA SILVA, vem interpor recurso adesivo pelas razões de fato e de direito que aduz em separado.

Data e assinatura do advogado".

"Processo n. ...

Recorrente: Felipe Sá S/A

Recorrido: João da Silva

MM. ..... Vara do Trabalho

Razões do Recorrente

EGRÉGIA TURMA

1. O Recorrido, em seu recurso ordinário, afirma que ....

No entanto, a fls. há o depoimento da testemunha .... com uma informação precisa sobre o mesmo fato e deitando por terra o alegado pelo Recorrente.

Ademais ....

Justiça

Data e assinatura do advogado".

Notas: 1) V. item 267.

2) V. Súmula n. 283 do TST.

3) O CPC e a referida Súmula não falam em contrarrazões do recorrido. Entendemos, porém, que a outra parte deve manifestar-se sobre o recurso adesivo. É o que exige o princípio do contraditório.

4) Se o empregador recorrer adesivamente, está sujeito a custas e depósito recursal.

5) É oponível o recurso adesivo ao recurso ordinário, à revista, aos embargos e ao recurso extraordinário. As Súmulas citadas falam também em agravo de petição, embora seja omisso a respeito o CPC. É certo que neste não há agravo de petição, mas a aplicação subsidiária do CPC ao processo trabalhista não pode ir além do disposto na lei aplicada.

6) Havendo desistência do recurso principal, o recurso adesivo fica prejudicado. O recurso adesivo fica subordinado ao recurso principal e se rege pelas disposições: a) será interposto perante a autoridade competente para admitir o recurso principal, no prazo de que a parte dispõe para responder; b) não será conhecido, se houver desistência do recurso principal, ou se for ele declarado inadmissível ou deserto.

7) V. art. 500 do CPC.

432. *Recurso de Revista*

"Exmo. Sr. Presidente do Tribunal Regional do Trabalho

Processo n. 00890200704502001 – TRT–SP

FELIPE SÁ S/A, por seu advogado infra-assinado, nos autos do processo epigrafado em que contende com JOÃO DA SILVA, inconformada com o venerando acórdão regional, vem interpor recurso de revista para o C. Tribunal Superior do Trabalho, com fundamento na alínea "a" e "c" do art. 896 da Consolidação das Leis do Trabalho c/c Instrução Normativa n. 23 do C. Tribunal Superior do Trabalho.

Satisfeitas as exigências legais, requer o encaminhamento de suas razões de recorrer ao E. Tribunal Superior do Trabalho.

Termos em que

E. deferimento.

Data e assinatura do advogado".

Processo n. 00890200704502001 TRT 2ª Região

Recorrente: Felipe Sá S/A

Recorrido: João da Silva

Razões da Recorrente

EGRÉGIA TURMA

1. Distanciou-se o venerando acórdão regional da prova carreada aos autos e, até, das disposições legais pertinentes ao fato litigioso.

2. As duas testemunhas do Recorrido, inquiridas sobre o horário cumprido deste, confirmaram ser ele o normal e que, de conseguinte, não trabalhava horas suplementares.

3. Os cartões de ponto exibidos em audiência não apresentam qualquer registro de trabalho extraordinário.

Sem embargo dessa prova, o douto Tribunal *a quo* houve por bem reformar a sentença da instância primária para condenar a Recorrente a pagar ao Recorrido horas extras trabalhadas durante 3 (três) anos.

4. É bem de ver que a Recorrente não deseja rever a prova nesse E. Tribunal.

Ao focalizar os aspectos fáticos da questão, pretendeu a Recorrente pôr em relevo a circunstância de que o Tribunal *a quo* não revelou como chegou à conclusão de que a Recorrente deveria ser condenada a efetuar o questionado pagamento.

Escusado dizer que não lhe seria possível dizer que a sentença da Vara do Trabalho serviria de relatório porque ela dera a recorrente como vencedora.

O acórdão impugnado é conciso e limita-se a dizer que a Recorrente é condenada a pagar as horas extras.

Houve evidente violação ao disposto no art. 131 do Código de Processo Civil: "O Juiz apreciará livremente a prova, atendendo aos fatos e circunstâncias constantes dos autos, ainda que não alegados pelas partes, mas deverá indicar, na sentença, os motivos que lhe formaram o convencimento".

É essa afronta ao referido preceito da lei processual comum aplicável subsidiariamente ao processo trabalhista que serve de fundamento a este recurso de revista.

E mais.

O presente Recurso de Revista tem cabimento, também, pela alínea "c", do art. 896, da CLT, por ocorrer a divergência jurisprudencial. ..... É plenamente cabível o presente Recurso de Revista por divergência na interpretação acerca da aplicação, ou não, da Lei .... ao caso dos autos.

Ao decidir a questão o V.Acórdão deu à lei federal interpretação divergente da que lhe foi atribuída por outro Tribunal, *in casu*, o E. Tribunal Regional do Trabalho da 15ª Região, como a seguir será demonstrado. ...

.... ("... fazer a demonstração").

Diante do flagrante conflito existente entre os dois entendimentos, verifica-se que o presente recurso reúne, por mais este motivo, condições de admissibilidade por ter sido demonstrado que o E. Tribunal Regional do Trabalho da 2ª Região deu à lei federal em comento interpretação divergente da que lhe foi dada por outro Tribunal.

5. Reformando o venerando acórdão regional e restabelecendo, na sua plenitude, a decisão da instância primária, estará essa Egrégia Turma decidindo com JUSTIÇA.

Data e assinatura do advogado".

Notas: 1) V. itens 270 e 272.

2) O juízo de admissibilidade da revista é a Presidência do Tribunal Regional do Trabalho. Alegando falta de fundamento jurídico ao recurso, profere despacho denegatório do seu seguimento.

Cabe ao recorrente interpor agravo de instrumento em que fará a impugnação daquele despacho, sem perder tempo na reapreciação das razões do recurso de revista. No item seguinte daremos o modelo do agravo de instrumento.

Ainda que o juízo de admissibilidade se manifeste favoravelmente ao seguimento da revista, é dado ao Ministro Relator alegar que o acórdão está em consonância com determinada súmula do TST e decidir pelo trancamento do recurso.

3) No exemplo dado o empregador foi vencedor na Vara do Trabalho. Vencido no Tribunal Regional, para interpor recurso de revista terá de fazer o depósito recursal.

Há, ainda, a hipótese de o Tribunal Regional agravar a sentença da instância primária, o que poderá ensejar o reforço do recurso feito por ocasião do recurso ordinário e isso para abrir caminho à revista.

Outras dúvidas se esclarecem com a Instrução Normativa n. 3 do TST, de 5 de março de 1993.

433. Agravo de Instrumento

"Exmo. Sr. Dr. Presidente do Tribunal Regional do Trabalho

Processo n. ....

FELIPE SÁ S/A, por seu advogado infra-assinado, no processo epigrafado em que litiga com João da Silva, irresignado com o r. despacho denegatório do seguimento do seu recurso de revista, vem, tempestivamente, agravar de instrumento para o E. Tribunal Superior do Trabalho, com arrimo na alínea *b* do art. 897 da Consolidação das Leis do Trabalho.

Requer o Agravante a juntada do comprovante do **depósito relativo a este Agravo de Instrumento**, conforme estabelece a parte final do inciso I, do § 5º, do art. 897, da CLT

Data e assinatura do advogado".

Processo n. ....TRT da ... Região.
Agravante: Felipe Sá S/A
Agravado: João da Silva
EGRÉGIA TURMA

O r. despacho do d. Presidente do Tribunal Regional *a quo* que negou seguimento ao recurso de revista interposto pelo Agravante merece reforma por essa douta Turma.

De fato, equivocadamente, invoca a Súmula desse Colendo Tribunal, Súmula n. ... que diz respeito a matéria completamente diferente daquela que se discute nos autos.

Há sobejas provas de que o acórdão regional contraria o disposto no art. .. da Lei Federal n. ..., de .. de .... de 20....

A Súmula n. ... dá amparo à pretensão da Agravante.

Em face de todo o exposto, pede e espera a Agravante que essa Egrégia Turma dê provimento ao presente agravo para determinar a subida do recurso de revista.

Data e assinatura do advogado".

Notas: 1) V. item 276.

2) O prazo para interposição do agravo de instrumento é de oito dias. Aliás é esse o prazo para qualquer recurso na Justiça do Trabalho. Quando se tratar de recurso extraordinário para o Supremo Tribunal Federal, cuja subida foi negada pela Presidência do TST, o prazo para o agravo de instrumento é 10 (dez) dias (art. 544, do CPC).

3) O prazo de 10 dias para o agravo de instrumento contra despacho indeferitório do seguimento da revista é contado a partir da intimação desse mesmo despacho.

4) Tem a jurisprudência entendido ser do agravante a responsabilidade pelo preparo do agravo de instrumento. Daí a recomendação de a parte examinar o assunto com especial atenção.

5) O juízo de admissibilidade do agravo de instrumento – Presidência do TRT – não tem a faculdade de declará-lo deserto ou interposto a destempo. Cabe ao TST decidir a respeito. Daí o dever da Presidência do TRT fazer subir o agravo de instrumento em qualquer caso.

Sua recusa pode ser quebrada por meio de mandado de segurança.

6) Jurisprudência sedimentada declara serem incabíveis embargos contra decisão da Turma que negou provimento ao agravo de instrumento.

7) A autoridade que negou seguimento ao recurso de revista pode modificar seu despacho ao tomar conhecimento das razões do agravante por instrumento.

8) No mesmo prazo fixado para o agravo, deve o agravado contraminutar o agravo.

É lícito ao agravado requerer o traslado de outras peças do processo além daquelas indicadas pelo agravante.

434. Embargos

"Exmo. Sr. Presidente da Egrégia ... Turma do Tribunal Superior do Trabalho

Processo n. 489/94

FELIPE SÁ S/A, nos autos do processo epigrafado, em que contende com João da Silva, não se conformando, *data venia*, com o venerando acórdão proferido no RR 489/94, vem interpor embargos para a Seção de Dissídios Individuais desse Colendo Tribunal, com estribo no art. 894, letra *b*, da Consolidação das Leis do Trabalho.

Termos em que

P. e E. Deferimento.

Data e assinatura do advogado".

"Processo n. 489/94
Embargante: Felipe Sá S/A
Embargado: João da Silva
E. ... Turma desse C. Tribunal
Razões do Embargante
Egrégia Seção de Dissídios Individuais

1. O venerando acórdão da douta ... Turma não é de ser mantido.

Contrariou iterativa e caudalosa jurisprudência não só de Turmas como do próprio pleno dessa Seção.

2. Confirmou a sentença da Vara do Trabalho ordenando a integração, no salário, da gratificação de função paga a empregado no exercício temporário de uma função de confiança.

Releva notar que o empregado – aqui embargado – foi conservado no novo cargo durante 8 meses apenas.

Se esse tempo fosse de 8, 10, 15 ou mais anos, o decisório não seria, com certeza, impugnável.

Mas, esse tempo foi de apenas 8 meses.

3. Em prol da tese defendida pelo Embargado, há vários acórdãos, cujas ementas são as seguintes:

...

...

...

Em face de todo o exposto, espera o Embargante ver seu apelo conhecido e provido.

Justiça.

Data e assinatura do advogado".

Notas: 1) V. item 274.

2) O prazo para interposição do recurso é de oito dias, a contar da publicação do acórdão.

3) É dada vista ao embargado (no exemplo, é o empregado) para falar em igual prazo, ou melhor, oferecer suas contrarrazões.

4) Os embargos são entregues no protocolo do Tribunal Superior do Trabalho. O mesmo procedimento com as contrarrazões do embargado.

5) O Presidente da Turma que julgou a revista é que decide pelo encaminhamento, ou não, dos embargos. Em caso negativo, tem a parte, ainda, à mão, o agravo regimental, cujo modelo apresentamos em seguida.

435. *Agravo Regimental*

"Exmo. Sr. Presidente da ... Turma do TST

Processo n. ....

"FELIPE SÁ S/A, por seu advogado infra-assinado, não se conformando com a r. decisão que denegou seguimento aos Embargos, vem, respeitosa e tempestivamente, perante V. Exa., interpor o presente **AGRAVO REGIMENTAL**, na forma do art. 235 do Regimento Interno desse E. Tribunal, consoante as inclusas razões, requerendo sejam elas processadas regularmente.

Caso V. Exa. venha a manter o despacho impugnado, a Agravante requer o encaminhamento de suas razões de recorrer à E. Seção de Dissídios Individuais, depois de satisfeitas as exigências legais.

Termos em que

P. e E. deferimento.

Data e assinatura do advogado".

"Processo n. ... Turma TST

Agravante: Felipe Sá S/A

Agravado: João da Silva

Razões do Agravante

1. A Agravante vem mostrar seu inconformismo com o despacho do douto Presidente da ... Turma desse E. Tribunal que negou seguimento aos embargos.

Improcede sua alegação de que não foi plenamente demonstrada a contrariedade do venerando acórdão da ... Turma com arestos das ....

e .... Turmas desse Colendo Tribunal.

O acórdão impugnado por embargos conflita frontalmente est'outro da .... Turma .... – *verbis*:

'...'.

Ademais disso, não é exato que o acórdão impugnado alicerçou-se na Súmula desse C. Tribunal.

Isto posto, pede a Agravante a reforma do douto despacho do Sr. Presidente da ... Turma a fim de que os embargos opostos pela Agravante tenham seguimento normal.

Justiça

Data e assinatura do advogado".

Notas: 1) V. item 277.

2) Existe controvérsia quanto à natureza jurídica do agravo regimental. Uns entendem não ser ele, propriamente, um recurso; outros dizem que sim, é um recurso.

Estamos inclinados a seguir a opinião de ser ele um recurso. Como qualquer outro recurso, quer o agravinho o reexame de uma decisão.

3) Nos termos do art. 236 do Regimento do TST o agravo regimental será concluso ao prolator do despacho, que poderá reconsiderá-lo ou determinar sua inclusão em pauta para apreciação do Colegiado competente para o julgamento da ação ou recurso em que exarado o despacho".

436. Recurso Extraordinário

"Exmo. Sr. Presidente do Tribunal Superior do Trabalho

Processo n. ... TST

FELIPE SÁ S.A., por seu advogado infra-assinado, nos autos do processo epigrafado em que litiga com João da Silva, vem interpor recurso extraordinário com fulcro na letra *a* do inciso III do art. 102 da Constituição Federal, consoante as inclusas razões de fato e de direito, requerendo seu regular processamento, notadamente pela efetiva demonstração que aí é feita da repercussão geral das questões constitucionais discutidas, matéria essa a ser examinada pelo Colendo STF.

Junta à presente a guia comprobatória de custas e das despesas de remessa e retorno dos referidos autos para o STF, assim como do depósito recursal na medida em que o valor da condenação ultrapassa o limite máximo estabelecido pela Resolução nº 168/2010 do Órgão Especial do C. Tribunal Superior do Trabalho.

Nestes termos,

E. deferimento.

Data e assinatura do advogado".

Razões de RECURSO EXTRAORDINÁRIO que FELIPE SÁ S.A apresenta, como Reclamada, nos autos da Reclamação Trabalhista em que figura como Reclamante João da Silva (Processo n. ...)

Egrégio Tribunal,

I – Dos Fatos e do Direito

1. O Pleno da Seção de Dissídios Individuais do Egrégio Tribunal Superior do Trabalho, julgando os embargos ofertados pelo Recorrente, decidiu ....

2. Esse acórdão da mais alta Corte do Trabalho viola o art. .... da Constituição Federal.

3. Os acórdãos dessa Excelsa Corte, cujas ementas se dão a seguir, demonstram cabalmente que a tese defendida neste apelo encontra, também, eco na jurisprudência iterativa do próprio Tribunal Superior do Trabalho.

II – Da Demonstração da Repercussão Geral das Questões Constitucionais

......

Demonstrado o cabimento do recurso, demonstrada a repercussão geral das questões constitucionais e feita a prova da ofensa ao artigo ... da Constituição Federal, impõe-se o provimento deste Recurso Extraordinário.

Termos em que

P. e E. deferimento.

Data e assinatura do advogado".

Notas: 1) V. item 280 sobre recurso extraordinário e repercussão geral.

2) Vem entendendo a Suprema Corte que se faz mister o prequestionamento da matéria constitucional na ação trabalhista, até o recurso de revista.

3) O prazo de interposição do recurso extraordinário é de 15 dias a contar da publicação do acórdão que se vai atacar.

4) O Recorrido é chamado a dar suas contrarrazões em igual prazo.

5) Se o Presidente do TST entender de negar seguimento ao recurso extraordinário, terá o recorrente prazo de 10 dias para oferecer agravo de instrumento para o STF, prazo esse que se conta da data da intimação do despacho denegatório.

6) Se o Relator negar seguimento ao agravo de instrumento, pode a parte apresentar agravo regimental para o órgão julgador.

7) Em casos especiais, mediante medida cautelar, tem o STF deferido efeito suspensivo ao recurso extraordinário.

8) V. Súmula n. 297 do TST: *"Prequestionamento. Oportunidade. Configuração.* Nova redação. Res. n. 121/2003, DJ 21.11.2003 – 1. Diz-se prequestionada a matéria ou questão quando na decisão impugnada haja sido adotada, explicitamente, tese a respeito. 2. Incumbe à parte interessada, desde que a matéria haja sido invocada no recurso principal, opor embargos declaratórios objetivando o pronunciamento sobre o tema, sob pena de preclusão. 3. Considera-se prequestionada a questão jurídica invocada no recurso principal sobre a qual se omite o Tribunal de pronunciar tese, não obstante opostos embargos de declaração".

9) Na ação de alçada trabalhista, a parte deve percorrer toda a via recursal até chegar ao Supremo Tribunal.

10) V. Súmulas ns. 280, 282, 283, 285, 286, 289, 292, 355, 356, 389, 400, 432, 454, 456, 513, 527 e 528 do STF.11) A Lei n. 11.418/06 disciplina a questão constitucional de repercussão geral como requisito da interposição do recurso extraordinário

CAPÍTULO XLI
Liquidação da Sentença por Cálculo

437. Liquidação da Sentença

"Exmo. Sr. Dr. Juiz da .... Vara do Trabalho de ...

Processo n. .....

JOÃO DA SILVA, por seu advogado infra-assinado, no processo epigrafado em que litiga com FELIPE SÁ S/A, vem apresentar seu cálculo de liquidação da sentença já passada em julgado:

...

...

...

...

Requer, respeitosamente, a V. Exa. determine seja intimada Reclamada a manifestar-se sobre esse cálculo.

Termos em

P. e E. deferimento

Data e assinatura do advogado".

Notas: 1) Reza o art. 879, § 1º-B, que em se tratando de liquidação da sentença por cálculo, deve a parte oferecê-lo.

2) Caso haja rejeição da proposta, resta a remessa dos autos ao contador do juízo.

3) V. itens 282, 283, 284, 285 e 287.

438. Liquidação da Sentença por Cálculo do Contador

"Exmo. Sr. Dr. Juiz da .... Vara do Trabalho de ...

Processo n. ....

JOÃO DA SILVA, no processo em epígrafe em que contende com FELIPE SÁ S/A em que transitou em julgado a sentença que condenou o empregador a pagar ao Reclamante férias não gozadas e 13º salário, vem por seu advogado infra-assinado requerer a V. Exa. a remessa dos autos ao Sr. Contador para que, mediante cálculo, proceda à liquidação da sentença.

P. e E. deferimento.

Data e assinatura do advogado".

Notas: 1) V. itens 282 e 283.

2) Já esclarecemos em nota ao item 423 que deve a parte oferecer os cálculos da liquidação da sentença. Todavia, se a respectiva operação matemática oferecer alguma dificuldade, pode a parte requerer, justificadamente, que o cálculo seja feito pelo Contador do juízo.

439. Liquidação da Sentença por Arbitramento

"Exmo. Sr. Dr. Juiz da .... Vara do Trabalho de ...

Processo n. ....

JOÃO DA SILVA, nos autos do processo em epígrafe tendo como reclamada FELIPE SÁ S/A, vem, por seu advogado infra-assinado, dizer que, diante da impossibilidade de fixar-se, com precisão, o *quantum* do débito da empresa, impõe-se a liquidação da sentença por arbitramento, uma vez que já transitou em julgado a sentença que se pretende executar.

Ex vi do disposto no art. 607 do CPC, requer a designação de perito a fim de averiguar o valor exato a ser objeto da execução.

Termos em que

P. e E. deferimento".

Notas: 1) V. item n. 284.

2) Liquidação da sentença por arbitramento não é fato comum no foro trabalhista.

3) Exemplo de arbitramento que nos acode à mente é o do empregado admitido sem registro na Carteira de Trabalho e sem prefixação de salário. Reconhecido o vínculo empregatício e não havendo paradigma na empresa, impõe-se a intervenção do perito para realizar a investigação no mercado de trabalho.

440. Liquidação da Sentença por Artigos

"Exmo. Sr. Dr. Juiz da .... Vara do Trabalho de ...

Processo n. ...

JOÃO DA SILVA, por seu advogado infra-assinado, nos autos do processo epigrafado em que contende com FELIPE SÁ S/A, vem, com apoio nos arts. 879 da CLT e 608 e 609 do CPC, apresentar seus artigos de liquidação, requerendo a notificação da Reclamada para que os conteste da forma que julgar adequada:

...

...

...

Protestando pela produção de prova documental, pericial e testemunhal, nestes termos,

P. deferimento.

Data e assinatura do advogado".

Notas: 1) V. item 285.

2) É o ordinário o procedimento da liquidação por artigos.

3) É imprescindível a notificação da Reclamada nessa espécie de liquidação da sentença.

441. Impugnação das Contas de Liquidação da Sentença

"MM. Juiz da .... Vara do Trabalho de ...

Processo n. ....

FELIPE SÁ S/A, por seu advogado infra-assinado, vem impugnar a conta de liquidação apresentada pelo Sr. Perito nos seguintes termos:

(Demonstrar os erros ou contradições dos cálculos. Em se tratando de liquidação por artigos, protestar pela produção de todas as espécies de provas.)

Data e assinatura do advogado".

Notas: 1) V. itens 286 e 287.

2) O § 2º do art. 879 não obriga o Juiz a abrir às partes prazo para impugnação da conta. Se o fizer, deve a parte oferecer impugnação "com a indicação dos itens e valores objeto da discordância".

3) Se a parte, intimada para se pronunciar sobre a conta de liquidação, deixar de fazê-lo fica precluso seu direito de impugnar a sentença de liquidação nos embargos à execução.

4) Sobre a conta de liquidação fala, em primeiro lugar, o Reclamante e, depois, o Reclamado.

442. Aceitação da Conta de Liquidação pelo Reclamado

"MM. Juiz da .... Vara do Trabalho de ...

Processo n. .....

FELIPE SÁ S/A, nos autos do processo epigrafado, em que contende com João da Silva, vem, por seu advogado infra-assinado, declarar que nenhuma objeção faz aos cálculos do Reclamante (do Perito).

P. deferimento

Data e assinatura do advogado".

Notas: 1) V. item 287 com casos especiais de liquidação de sentença.

2) Mais uma vez, advertimos que a parte que deixar de pronunciar-se sobre a conta de liquidação, depois de intimada regularmente, fica impossibilitada de fazê-lo nos embargos à execução.

Contrario sensu, se impugnar a conta em tempo hábil e não for atendida na sentença homologatória, poderá manifestar seu inconformismo nos embargos à execução.

CAPÍTULO XLII
Da Execução

443. Da Execução Provisória

"MM. Juiz da .... Vara do Trabalho de ...

Processo n....

JOÃO DA SILVA, no processo epigrafado em que contende com FELIPE SÁ S/A, por seu advogado, tendo V. Exa. recebido com efeito devolutivo o recurso oferecido pela Reclamada, vem requerer a extração da carta de sentença para dar início à execução provisória da sentença.

Da carta de sentença devem constar as seguintes peças:

a) pedido inicial;

b) contestação;

c) sentença.

E. e P. deferimento

Data e assinatura do advogado".

Notas: 1) V. itens 288 e 294.

2) A execução provisória vai até a penhora.

3) Se o recurso do Reclamado atacar parte da sentença, conclui-se que a outra parte passou em julgado. De consequência, é lícito ao Exequente promover a execução provisória do ponto atacado pelo recurso e a execução definitiva do ponto que transitou em julgado.

444. Execução por Quantia Certa

"MM. Juiz da .... Vara do Trabalho de ...

"JOÃO DA SILVA, por seu advogado infra-assinado, nos autos do processo epigrafado, em que litiga com FELIPE SÁ S/A, vem requerer a V. Exa. a citação da Reclamada para que deposite, em cartório dessa MM. Vara do Trabalho, em quarenta e oito (48) horas a importância da condenação, sob pena de execução, penhora de seus bens e outras providências previstas lei.

E. e P. deferimento.

Data e assinatura do advogado".

Notas: 1) V. item 294.

2) O valor a ser pago pelo Executado é aquele constante da conta de liquidação homologada por sentença.

445. Nomeação de Bens à Penhora

"MM. Juiz da .... Vara do Trabalho de ...

Processo n....

FELIPE SÁ S/A, por seu advogado infra-assinado, nos autos do processo epigrafado, em que é Exequente João da Silva, vem nomear à penhora os bens abaixo indicados e que se encontram à Rua das Hortênsias n. 456:

...

...

...

P. deferimento.

Data e assinatura do advogado".

Notas: 1) V. itens 300 a 322.

2) Destacamos que o art. 882 da CLT manda observar, na nomeação de bens à penhora, a ordem constante do art. 655 do CPC. O desrespeito dessa norma pode provocar impugnação por parte do exequente.

446. Impugnação da Nomeação de Bens à Penhora

"MM. Juiz da .... Vara do Trabalho de ...

Processo n. ...

JOÃO DA SILVA, por seu advogado infra-assinado, nos autos do processo epigrafado em que litiga com FELIPE SÁ S/A, vem impugnar a nomeação por ele feita de bens à penhora.

É inadmissível que indique bens situados no distante Estado do Acre, quando é de todos sabido que o Executado é dono de um supermercado à Rua das Almas n. 234, nesta cidade.

Em face da relutância do Executado em garantir à execução, requer o Exequente a penhora, desde já, desse supermercado.

E. deferimento.

Data e assinatura do advogado".

Notas: 1) V. item 306.

2) Acontece frequentemente, no foro trabalhista, a utilização do artifício procrastinatório enunciado no exemplo *supra*.

447. Ampliação da Penhora

"Exmo. Sr. Juiz da .... Vara do Trabalho de ...

Processo n. ......

JOÃO DA SILVA, no processo epigrafado, em que é executada FELIPE SÁ S/A, vem requerer a penhora de novos bens, uma vez que a avaliação dos bens penhorados chegou a valor inferior ao da sentença condenatória.

P. deferimento.

Data e assinatura do advogado".

Notas: 1) V. itens 300 a 321.

2) Salientamos que a Receita Federal informa localização dos bens do executado se solicitada pelo Juiz da Vara do Trabalho.

448. Carta Precatória e Penhora

"MM. Juiz da .... Vara do Trabalho de ...

Processo n. ...

JOÃO DA SILVA, por seu advogado infra-assinado, nos autos do processo de n. ...., em que é executada FELIPE SÁ S/A, vem dizer que esta é possuidora de bens na vizinha cidade de ....., sede de comarca, e, por isso, requer a V. Exa. expedição de carta precatória ao titular daquele Juízo a fim de proceder à penhora desse bens e receba os embargos à execução.

E. deferimento.

Data e assinatura do advogado".

Notas: 1) V. item 317.

2) Faz-se por precatória a penhora quando os bens se encontrem em comarca diferente daquela em que se propôs a reclamatória.

O juízo deprecado recebe os embargos à execução e manifestar-se-á sobre eles quando impugnarem atos que haja praticado no desempenho da incumbência recebida. Fora essa hipótese, o normal é o juízo deprecante julgar os embargos.

448.1. Desistência da Execução

Exmo. Sr. Dr. Juiz da .... Vara do Trabalho de ...

Processo n. ......

JOÃO DA SILVA, por seu advogado infra-assinado, vem renunciar ao crédito cobrado, nesse processo, de Felipe Sá S/A.

Termos em que

E. Deferimento.

Data e assinatura do advogado".

Notas: 1) O advogado deve ter o poder especial de desistir da ação.

2) O CPC autoriza o Exequente a desistir da execução, a qualquer tempo, antes do aperfeiçoamento da arrematação. A renúncia ao crédito só produz efeito depois de homologada por sentença.

3) V. item 291.

449. Embargos à Execução

"MM. Juiz da .... Vara do Trabalho de ...

Processo n. ....

FELIPE SÁ S/A, estabelecida à Rua dos Espíritos n. 345, CEP ... por seu advogado infra-assinado, nos autos do Processo de n. ..., em que é Exequente João da Silva, brasileiro, maior, casado, industriário, residente à Rua das Macieiras n. 978, CEP ..., vem opor embargos à execução nos seguintes termos:

1) Impugnou o Embargante a conta de liquidação porque houve erro no cálculo das horas trabalhadas, acarretando, inclusive, modificação da sentença passada em julgado.

2) Os bens penhorados foram avaliados em bases bem inferiores ao seu valor real.

3) ...

4) Protesta pela produção das provas de .... e requer a citação do Embargado.

Espera o Embargante ver recebidos seus embargos e, consequentemente, reduzido o valor da condenação.

Valor da causa: ...

Data e assinatura do advogado".

Notas: 1) V. item 326.

2) Depois de depositar o valor da condenação ou nomear bens à penhora, pode o Executado opor embargos à execução.

3) O prazo dos embargos é de cinco dias contado da intimação da penhora.

4) Perdendo esse prazo e sendo considerados intempestivos os embargos, fica precluso o direito de agravar de petição.

5) O Exequente também tem cinco dias para impugnar os embargos à execução.

450. Agravo de Petição

"MM. Juiz da .... Vara do Trabalho de ...

Processo n. ....

FELIPE SÁ S/A, no processo epigrafado em que contende com João da Silva, vem, por seu advogado, irresignado com r. sentença que rejeitou seus embargos à execução, agravar de petição para o E. Tribunal Regional do Trabalho da .... Região.

Requer o encaminhamento àquele Colegiado das suas razões anexas.

Data e assinatura do advogado".

"Processo n. ...
MM. ..... Vara do Trabalho
Agravante: Felipe Sá S/A
Agravado: João da Silva
Razões da Agravante
EGRÉGIO TRIBUNAL (ou Turma, conforme o caso)

1. Não pode prosperar a v. sentença que julgou improcedentes os embargos à execução ofertados pela Agravante.

Considerou válida a notificação da Agravante, no processo de conhecimento, quando o documento apresentado a fls. e expedido pela Empresa de Correios e Telégrafos prova que o Agravado indicou um endereço que não é o da Agravante.

Feita essa prova pede e espera a Agravante seja declarada a nulidade de todo o processo desde a petição inicial".

Tendo-se em vista o pedido de reconhecimento de nulidade da decisão agravada, entende a agravante ser incontroversa apenas a parcela referente aos reflexos do adicional de periculosidade em férias, tal como apresentado no quadro de fls. 565, totalizando a importância de R$ 4.260,27 (quatro mil, duzentos e sessenta reais e vinte e sete centavos), atualizados até 1.11.2005.

ou

"EGRÉGIO TRIBUNAL

Não é de prevalecer a douta sentença homologatória da conta de liquidação porque bem provado ficou ....

Pelo exposto, espera a Agravante seja provido este recurso.

Justiça.

Data e assinatura do advogado".

Notas: 1) V. item 278.

2) Consoante o art. 897, § 1º, da CLT "o agravo de petição só será recebido quando o agravante delimitar, justificadamente as matérias e os valores impugnados, permitida a execução imediata da parte remanescente até o final, nos próprios autos ou por carta de sentença".

Assim, o agravo de petição em termos genéricos ou imprecisos não será conhecido pelo Tribunal.

As partes da sentença homologatória da conta de liquidação ou daquela que declara subsistente a penhora e avaliação dos bens que não forem objeto do agravo serão objeto de execução definitiva.

3) A menos que o agravante invoque matéria constitucional, nenhum recurso cabe contra o acórdão que julgar o agravo de petição.

4) Cabe agravo de petição da decisão que: julgar a validade, ou não, da arrematação; que defere ou indefere a adjudicação ou a remição.

451. Da Adjudicação

"MM. Juiz da .... Vara do Trabalho de ...

Processo n. ...

JOÃO DA SILVA, no processo epigrafado em que litiga com FELIPE SÁ S/A vem, por seu advogado infra-assinado, expor e, a final, requerer o seguinte:

1. Não apareceram licitantes na praça do imóvel descrito no auto de penhora de fls.

2. Desejando ficar com esse bem, que – segundo avaliação feita – é de valor inferior ao da condenação, requer com base no art. 685-A, do CPC lhe seja adjudicado esse imóvel pelo valor da avaliação.

O saldo devedor do Executado será cobrado quando da descoberta de novos bens.

P. Deferimento.

Data e assinatura do advogado".

Notas: 1) V. item 331.

2) Quando, na praça, houver lanço superior aos demais, tem o credor prazo até o auto de arrematação para requerer a adjudicação do bem pelo valor do lanço vitorioso, valor que será descontado do seu crédito. Se este for inferior ao lanço, deve o Exequente depositar em dinheiro a diferença entre o seu crédito e valor do lanço.

452. Da Remição

"MM. Juiz da .... Vara do Trabalho de ...

Processo n. ...

FELIPE SÁ S/A, por seu advogado, no processo epigrafado, em que é Exequente JOÃO DA SILVA, vem expor e a final requerer o seguinte a V. Exa.:

Na praça, o maior lanço foi de R$ .... para o imóvel penhorado.

O Exequente requereu a adjudicação do imóvel.

Todavia, quer a Executada remir a execução, depositando de imediato todo o valor da condenação e seus consectários legais.

Deferida a remição, requer a expedição de guia para depósito da importância de R$ .....

P. Deferimento.

Data e assinatura do advogado".

Notas: 1) V. item 333.

2) A remição deve ter valor igual ao da condenação.

3) Se os bens forem de valor inferior ao da condenação, a remição terá por base a avaliação (se não houve licitante na praça) ou o maior lanço.

4) A remição não há-de ser parcial quando houver licitante para a totalidade dos bens praceados.

5) O prazo de 24 horas para a remição é antes da assinatura do auto de arrematação ou do auto de adjudicação.

453. Embargos de Terceiro

"Exmo. Sr. Dr. Juiz da .... Vara do Trabalho de ...

Processo n. ...

LINDOLFO COLLEN, brasileiro, maior, casado, comerciante, nos autos do processo de execução epigrafado, pede vênia para expor e, a final, requerer o seguinte:

1. Adquiriu do Executado um terreno à Avenida das Laranjeiras n. 435, em 2 de março de 1970, portanto, em data muito anterior ao ajuizamento do litígio entre Exequente e Executado, circunstância que exclui qualquer suspeita de fraude à execução.

Essa operação de compra e venda foi objeto de escritura pública lavrada nas notas do Tabelião ...., livro ....., página ... (v. instrumento anexo), e transcrita no Registro de Imóveis sob n. ..... (v. certidão anexa).

2. Acontece que esse imóvel foi penhorado para garantia de execução da sentença condenatória proferida contra FELIPE SÁ S/A (v. doc. n. ...).

Em face da prova produzida, requer o Embargante a anulação da penhora.

Não requer, outrossim, a produção de prova testemunhal ou de qualquer outra natureza, porque a prova documental que instrui este pedido é irrefutável.

Requer o Embargante a citação do Exequente e, depois, espera ver julgado procedente o presente pedido.

Valor da causa: R$ ....

Data e assinatura do advogado".

Notas: 1) V. item 326.

2) Terceiro é senhor e possuidor ou apenas possuidor.

3) Na execução por carta, compete ao Juiz deprecado, em cuja jurisdição se encontra o bem questionado, julgar os embargos de terceiro.

4) O prazo para apresentação de embargos de terceiro é de cinco dias depois da penhora ou da arrematação, da adjudicação ou da remição, mas antes da assinatura da respectiva carta.

5) Da sentença que julgar os embargos, cabe recurso ordinário para o Tribunal Regional do Trabalho. Há quem prefira agravo de petição. A jurisprudência ainda é vacilante.

6) É de 10 dias o prazo para contestação dos embargos.

7) É terceiro cônjuge para defender bens dotais próprios reservados ou de sua meação.

8) Concubina é terceiro para defender imóvel residencial da entidade familiar.

454. Nova Avaliação dos Bens Penhorados

"Exmo. Sr. Dr. Juiz da .... Vara do Trabalho de ...

Processo n. ....

FELIPE SÁ S/A, por seu advogado infra-assinado, no processo epigrafado em que é Exequente JOÃO DA SILVA, pede vênia para expor e, a final, requerer o seguinte:

1. A avaliação dos bens penhorados a fls. teve lugar há mais de um ano e, nesse período, a taxa de inflação foi da ordem de ....% (ou, nesse lapso de tempo, os bens se valorizaram consideravelmente).

Ocioso dizer que essa circunstância, às vésperas da arrematação, recomenda a atualização dos valores encontrados na avaliação, a fim de que fique bem segura a execução da sentença.

2. Em face do exposto requer a Executada seja procedida nova avaliação dos bens em questão.

Termos em que

P. e E. deferimento.

Data e assinatura do advogado".

Notas: 1) V. item 328.

2) Em havendo grande espaço de tempo entre a avaliação e a arrematação, conforme o caso, cabe ao Exequente ou ao Executado postular a nova avaliação dos bens.

3) Nesse mesmo momento processual, é lícito a uma das partes impugnar o auto de avaliação se considerar exagerados ou defasados os valores estabelecidos.

455. Suspeição do Avaliador

Exmo. Sr. Juiz da .... Vara do Trabalho de ...

Processo n. ....

JOÃO DA SILVA, por seu advogado no processo epigrafado, em que é executada FELIPE SÁ S/A, vem com apoio nos arts. 136 e 138 do Código de Processo Civil arguir a suspeição do Sr. Avaliador porque é sua credora a executada (v. certidão do Cartório de Protestos).

Depois de satisfeitas as exigências legais, requer a nomeação de novo avaliador.

Termos em que

P. e E. deferimento.

Data e assinatura do advogado".

Notas: 1) V. item 328.

2) O incidente é processado em separado e sem suspensão da causa.

3) O arguido deve ser ouvido dentro de cinco dias, sendo facultada a prova, quando requerida.

CAPÍTULO XLIII
Medidas Cautelares

456. Arresto

"Exmo. Sr. Dr. Juiz da .... Vara do Trabalho de ...

Processo n. ...

JOÃO DA SILVA, por seu advogado infra-assinado, no processo epigrafado em que contende com FELIPE SÁ S/A, pede vênia para requerer o arresto dos bens da Reclamada pelos fatos e razões de direito que indica a seguir.

1. Vem a Reclamada, nas últimas semanas, vendendo todo o seu estoque de matérias-primas e boa parte da sua maquinaria, como o atestam os recortes de vários jornais diários em anexo.

Tudo faz crer que, dentro em pouco, o desfalque do patrimônio da Reclamada será tão acentuado que dificilmente se garantirá a execução da sentença final.

2. Os documentos que instruem esta petição não deixam margem a qualquer dúvida quanto à verdadeira intenção da Reclamada de furtar-se à liquidação de suas dívidas e, em especial, a que resultar da sentença final deste feito que, com certeza, ser-lhe-á desfavorável.

3. Funda-se o pedido do Reclamante nos arts. 813 a 821 do CPC.

4. Requer seja citada a Reclamada para conhecer os termos desta peça inicial de ação cautelar de arresto, contestando-a, querendo, no prazo de cinco dias e advertido de que a não contestação implicará revelia e presumir-se-ão aceitos pelo requerido, como verdadeiros, os fatos alegados pelo requerente.

5. Requer a produção de provas permitidas em direito como a testemunhal, aplicando-se o princípio da sucumbência para o pagamento de custas e honorários advocatícios.

Valor da causa: ....

Termos em que

P. deferimento.

Data e assinatura do advogado".

Notas: 1) V. item 339.

2) V. art. 813 do CPC sobre hipóteses em que é cabível o arresto.

3) *Initio litis* o arresto é previsto em lei. Entretanto, sua concessão não é fácil, a menos que a prova seja robusta e que elimine qualquer dúvida. Se concedido o arresto, como medida preparatória, terá a ação principal de ser proposta dentro de 30 dias.

4) Resolve-se em penhora o arresto se a sentença da causa principal for favorável ao requerente da medida cautelar.

5) Pode cessar arresto pelo pagamento da dívida, pela novação ou pela transação.

6) O modelo *supra* é de arresto no curso da ação principal.

457. Contestação do Pedido de Arresto

"Exmo. Sr. Juiz da .... Vara do Trabalho de ...

Processo n. .....

FELIPE SÁ S/A, por seu advogado nos autos da ação cautelar epigrafada, em que é requerente JOÃO DA SILVA, vem oferecer sua contestação nos seguintes termos:

1. O Requerente propôs ação nessa MM. Vara do Trabalho contra a Requerida para cobrança de um período de férias não gozado e de 34 horas extraordinárias.

Fazendo-se estimativa desse pedido, em bases bem generosas, não excederá, com certeza, a 6 salários mínimos.

2. O patrimônio da Requerida representado pelo imóvel de seu estabelecimento, com 5.000m2 de construção e mais a maquinaria nele contida, valem centenas e centenas de vezes mais do que o pedido na reclamatória trabalhista (v. escritura do imóvel e certidão de que está livre de qualquer ônus).

3. De fato, a Requerida vendeu algumas máquinas obsoletas para substituí-las por outras mais novas (v. nota fiscal anexa).

4. Provado não estar insolvente a Requerida, pois seu patrimônio excede muitas vezes ao pedido do Requerente na ação principal, pede e espera ser indeferido o pedido de arresto dos seus bens, com condenação do Requerente no pagamento das custas e honorários advocatícios.

Não requer qualquer prova porque os documentos anexos não deixam pairar qualquer dúvida quanto ao alegado nesta contestação.

Termos em que

E. deferimento.

Data e assinatura do advogado".

Notas: 1) A contestação terá a mesma estrutura no caso – como dissemos, raro – de concessão liminar da medida.

2) Entendemos que nas ações cautelares podem ser exigidos honorários advocatícios porque o art. 791 da CLT só autoriza as partes a estarem em Juízo desacompanhadas de advogados nas reclamatórias.

458. *Sequestro*

"Exmo. Sr. Dr. Juiz da .... Vara do Trabalho de ...

Processo n. ....

JOÃO DA SILVA, já qualificado no Processo n. .... em curso nessa MM. Vara do Trabalho, por seu advogado infra-assinado (v. procuração anexa), vem propor ação cautelar de sequestro contra FELIPE SÁ S/A, estabelecida à Avenida dos Remédios n. 567, CEP ..., tendo a dizer, para ver acolhido seu pedido, o seguinte:

1. O Requerente trabalhou, durante vários anos, para a Requerida como mecânico de manutenção.

Para bem desempenhar suas funções, o Requerente utilizava ferramentas e pequenos motores de testes de sua propriedade e que conservava em dependência do estabelecimento da Requerida.

2. Extinto seu contrato de trabalho, tentou o Requerente retirar o material de sua propriedade e a isso se opôs a Requerida, alegando que lhe pertenciam.

As notas fiscais e recibos anexos descrevem perfeitamente aqueles equipamentos e provam, de modo irrefutável, ser o Requerente o seu dono.

3. Sem o material acima descrito, fica o Requerente impossibilitado de prover, pelo trabalho, sua subsistência e de sua família.

Há, ainda, o risco desse equipamento se danificar se utilizado por pessoas inexperientes.

Tem-se, aí, perfeitamente configurados os pressupostos da medida requerida, quais sejam, o *fumus boni juris* e o *periculum in mora*.

4. Requer a citação da Requerida para que se inteire dos termos desta petição inicial, contestando-a, querendo, no prazo de cinco dias, advertido de que a não contestação implicará revelia, presumindo-se verdadeiros os fatos aqui alegados.

5. Dá-se à causa o valor de: R$ .....

Data e assinatura do advogado".

Notas: 1) V. item 340.

2) São sequestráveis verbas do Estado ou do Município quando desrespeitarem o precatório requisitório.

3) Como a ação cautelar vai em apenso à ação principal, aquela tem de ser objeto de uma petição.

No exemplo, o sequestro poderia ser requerido logo após o ajuizamento da reclamatória para postular verbas indenizatórias.

4) V. art. 822 do CPC com rol de casos de sequestro.

5) Cabe ao Juiz nomear o depositário dos bens; todavia, a escolha poderá ser feita pelas partes de comum acordo. É designada a parte que o requeira, desde que preste caução idônea.

459. *Caução*

"Exmo. Sr. Dr. Juiz da .... Vara do Trabalho de ...

Processo ....

FELIPE SÁ S/A, por seu bastante procurador infra-assinado, na ação cautelar de arresto requerida por João da Silva, vem prestar caução visando à suspensão daquela medida e consistente na fiança bancária de R$ .... (v. documento anexo sob n. ...), valor muitas vezes superior ao pedido do Requerente na ação principal.

Assim, depois de apensada esta ação preventiva aos autos da ação cautelar de arresto (esta se acha apensada à reclamação n. ......), requer a citação do Requerido para, no prazo de cinco dias, dizer se aceita a caução supracitada ou se a contesta.

Valor da causa: R$ ....

Data e assinatura do advogado".

Notas: 1) V. item 341.

2) No foro trabalhista, acreditamos que o sequestro seja o único caso de caução.

3) A caução pode ser prestada por terceiro.

4) Se no curso do processo principal verificar-se a insuficiência da garantia, é dado ao interessado solicitar seu reforço.

460. Busca e Apreensão

"Exmo. Sr. Dr. Juiz da .... Vara do Trabalho de ...

Processo n. .....

FELIPE SÁ S/A, estabelecida nesta cidade à Rua da Esperança n. 789, CEP ...., CNPJ ...., por seu bastante procurador infra-assinado (v. instrumento procuratório anexo), vem propor esta ação cautelar preparatória de busca e apreensão contra JOÃO DA SILVA, brasileiro, maior, casado, engenheiro, residente nesta cidade à Avenida Cândido Rondon n. 456, ap. 9, CEP ..., pelas razões de fato e de direito aduzidas em seguida:

1. Há cerca de um ano, a Requerente contratou o Requerido para o fim especial de inventar um equipamento capaz de ...., proporcionando-lhe todos os materiais e suporte técnico para realizar o ajustado.

2. Depois de alguns meses, fez o Requerido, na empresa, um protótipo do equipamento (v. desenhos e fotografias em anexo).

3. Logo em seguida, o Requerido desapareceu do local de trabalho e não deu a menor explicação para o seu gesto.

4. Os documentos em anexo a esta petição provam, perfeitamente, todo o alegado nas linhas precedentes.

Assim, requer a V. Exa. a expedição de mandado de busca e apreensão do referido material pois há a possibilidade de o Requerido vender a terceiros o invento ou tentar registrá-lo indevidamente no Instituto Nacional de Propriedade Industrial.

Estando presentes os pressupostos da medida requerida – *fumus boni juris* e *periculum in mora* pede a Requerente a concessão liminar da medida *inaudita altera pars*.

5. Concedida a medida, a Requerente proporá ação trabalhista para cobrança do aviso prévio e devolução definitiva do protótipo do invento vinculado ao contrato de trabalho.

6. Efetivada a medida liminar, requer a citação do Requerido para conhecer os termos deste pedido e, em cinco dias, constatar a ação e avisado de que a não contestação faz presumir ser verdadeiro tudo o que se diz nesta petição.

Contestado o feito, tenha ele prosseguimento em consonância com o preceituado nos arts. 802 e 803 do CPC.

Dentro do prazo de 30 dias, após a realização da medida cautelar, será proposta a ação principal.

Valor da causa: R$ ....

Data e assinatura do advogado".

Notas: 1) V. item n. 342.

2) A matéria é regulada pelo art. 454 da CLT e arts. 88 e 90 da Lei n. 9.279, de 14.5.96.

461. Exibição

"Exmo. Sr. Dr. Juiz da .... Vara do Trabalho de ...

Processo n. ....

JOÃO DA SILVA, brasileiro, maior, comerciário, residente nesta cidade à Alameda das Rosas n. 879, ap. 93, CEP ..., vem requerer a exibição, por FELIPE SÁ S/A, estabelecida à Rua Dois Rios n. 435, CEP..., dos seguintes documentos:

a) todas as faturas e duplicatas pagas por ...., ..., e ....

b) registros contábeis dos pagamentos feitos ao Requerente nos últimos cinco anos.

O Requerente trabalhou como representante comercial empregado da Requerida durante vários anos e dela se desligou, há pouco tempo, em virtude de sua aposentadoria compulsória por velhice.

Como não considerou regular a indenização que lhe foi paga, acreditando que o volume de comissões dos negócios que intermediou é bem superior ao que lhe foi revelado quando da formalização do ato rescisório do contrato de trabalho, deseja a exibição dos supracitados livros e documentos para deles extrair os elementos de que necessita para propor ação contra a Requerida.

Depois de citada a Requerida para manifestar-se sobre o pedido, pede o Requerente a designação de data e hora para a exibição em causa.

Termos em que

P. e E. deferimento.

Data e assinatura do advogado".

Notas: 1) V. item n. 343.

2) V. arts. 355 a 364, 381 e 382 do CPC.

3) Pode o Juiz, conforme o caso, determinar de ofício a exibição dos documentos.

4) Se o documento ou coisa estiver em poder de terceiro, terá este 10 dias para responder.

5) Reputam-se verdadeiros os fatos que se pretende provar com o documento ou coisa se a recusa for considerada ilegítima ou no caso de não contestação.

462. Justificação

"MM. Juiz da .... Vara do Trabalho de ...

JOÃO DA SILVA, brasileiro, maior, casado, industriário, residente nesta cidade à Avenida dos Lírios n. 349, apartamento 93, CEP ....., portador da Carteira de Trabalho série ... n. ......, por seu advogado infra-assinado (v. instrumento procuratório anexo), vem, com fulcro nos arts. 861 a 866 do CPC, requerer justificação com o fim de comprovar o tempo de serviço prestado a FELIPE SÁ S/A, estabelecida à Alameda dos Guaranis n. 456, tendo a dizer em prol do alegado o seguinte:

1. Trabalhou o Requerente para a firma supracitada de 1976 a 1990, quando dela se desligou para empregar-se noutra empresa.

Vítima de um furto, o Requerente perdeu todos os documentos que comprovavam a realidade daquele fato.

2. Deseja demonstrar a veracidade do alegado com a inquirição das testemunhas .....,..... e ...., residentes respectivamente ...., ... e .... que comparecerão à audiência independentemente de intimação.

3. Requer a citação da empresa já nomeada para que possa acompanhar esta justificação e participar da inquirição das testemunhas.

Requer, outrossim, o julgamento desta justificação e, decorridas 48 horas, sejam-lhe entregues os autos independentemente de traslado.

Valor de .... para cálculo da taxa judiciária.

Data e assinatura do advogado".

Notas: 1) V. item 346.

2) V. arts. 861 *usque* 866 do CPC.

3) A sentença é irrecorrível.

4) A empresa pode contraditar as testemunhas.

463. Protesto

"MM. Juiz da .... Vara do Trabalho de ...

JOÃO DA SILVA, brasileiro, maior, viúvo, industriário, residente nesta cidade à Rua das Acácias n. 498, CEP ....., portador da Carteira de Trabalho série ...., n. ..., por seu advogado infra-assinado, vem requerer medida cautelar de protesto judicial em consonância com as normas dos arts. 867 a 873 do Código de Processo Civil, indicando para ser intimada FELIPE SÁ S/A, estabelecida à Avenida Jabour n. 3890, CEP ...., tendo a dizer para ver deferido seu pedido:

1. Trabalhou para a empresa acima nomeada durante cinco anos (de 1º.11.88 a 1º.11.92). Despedido sem motivo justo, não recebeu verbas indenizatórias.

Até hoje não postulou judicialmente o que lhe é devido porque tinha conhecimento das dificuldades financeiras por que passava e ainda passa sua ex-empregadora.

Estando a vencer-se o prazo prescricional (dois anos após a extinção do contrato de trabalho, art. 7º da CF) vem, com estribo no art. 872 do CPC, requerer a intimação de Felipe Sá S/A para que fique ciente da interrupção da prescrição, *ex vi*, ainda, do disposto no inciso II do art. 202 do Código Civil de 2003.

Valor da medida cautelar para efeito do pagamento da taxa judiciária: R$ .....

Data e assinatura do advogado".

Notas: 1) V. item 347.

2) V. arts. 867, 870 e 871 do CPC; inciso II do art. 172 do Código Civil.

3) Pode o Juiz indeferir o pedido se ele estiver devidamente fundamentado.

4) No protesto, o intimado (melhor seria dizer-se o citado) não pode defender-se, mas é-lhe permitido fazer o contraprotesto.

5) No protesto não há sentença. Decorridas 48 horas, por simples despacho do Juiz, são os autos entregues ao Requerente. Esse prazo é para permitir a expedição eventual de certidões.

6) Em se tratando de protesto contra alienação de bens, é dado ao Juiz ouvir o intimado para bem esclarecer os reais motivos da medida requerida.

Nota: a interrupção da prescrição, com base no art. 202 do atual Código Civil, somente poderá ocorrer uma única vez, a contrário do que estava previsto no Código Civil de 1916.

464. Notificação

"MM. Juiz da .... Vara do Trabalho de ...

FELIPE SÁ S/A, estabelecida à Avenida Santista n. 459, CEP ...., CNPJ ...., por seu advogado infra-assinado (v. instrumento procuratório anexo), requer a notificação de JOÃO DA SILVA, brasileiro, maior, casado, residente à Rua São Vicente n. 234, CEP ...., portador da Carteira de Trabalho série ..., n. ... para que compareça ao seu local de trabalho até o dia 10 do mês de maio, quando se completará o prazo de 30 dias para configuração do abandono do emprego.

Certificada essa intimação, determine V. Exa. a entrega dos autos à Requerente após o decurso do prazo de 48 horas a que alude o art. 872 do CPC.

Para efeito de pagamento da taxa judiciária, dá-se à notificação o valor de R$ ......

Data e assinatura do advogado".

Nota: 1) V. item 347.

465. Interpelação

"MM. Juiz da .... Vara do Trabalho de ...

JOÃO DA SILVA, brasileiro, maior, solteiro, engenheiro, residente à Alameda das Violetas n. 459, apartamento 78, por seu advogado infra-assinado, vem requerer a interpelação de FELIPE SÁ S/A, estabelecida à Avenida dos Palamares n. 420, CEP ...., pelas razões de fato e de direito que alinha em seguida.

1. Como empregado da requerida, inventou o equipamento descrito no documento anexo e ficou assentado que sua empregadora teria prazo de dois anos para promover a comercialização do novo material, sendo a meias os resultados disso tudo.

Assim foi feito porque o requerente, para fazer a invenção, servira-se de materiais e suporte técnico da requerida.

2. Vencido o prazo indicado, a Requerida não deu qualquer passo no sentido de cumprir o que acertara com o Requerente.

3. Observado o disposto nos arts. 867 a 872 do CPC, requer seja a empresa intimada desta interpelação para, no prazo de 30 dias, cumprir o que fora pactuado, sob pena de rescisão do contrato.

4. Certificada a intimação da Requerida, pede sejam-lhe entregues os autos, decorridas as 48 horas.

Valor para efeito de pagamento da taxa judiciária: R$ ....

Data e assinatura do advogado".

Notas: 1) V. item 347.

2) É também a interpelação para saber se a empresa vai, ou não, transferir-se para outra localidade.

466. Atentado

"MM. Juiz da .... Vara do Trabalho de ...

Processo n. ....

JOÃO DA SILVA, brasileiro, maior, casado, residente à Rua dos Lírios n. 498, CEP ...., portador da Carteira de Trabalho série ..., n. ....., por seu advogado infra-assinado, vem expor e, a final, requerer o seguinte:

1. Pendente a reclamatória em curso nessa MM. Junta, foram penhorados os seguintes bens da Executada – FELIPE SÁ S/A: a) um microcomputador V – com impressora Hewlett Packard; b) máquina de datilografia IBM, modelo 992; 2 toneladas de fios de lã.

Como depositária desses bens, a Requerida e Executada vem vendendo-os, como o provam os recortes de jornais anexos.

Com tal procedimento, a Requerida violou a penhora, malferindo desse modo o inciso I do art. 879 do Código de Processo Civil.

Isto posto, requer sejam admitidos os presentes artigos de atentado, que deverão ser julgados procedentes para ordenar à Requerida que restabeleça o estado anterior da penhora, sob pena de não poder mais falar nos autos até que purgue dito atentado, ficando, desde logo, suspensa a causa principal, condenando-a ainda nas custas decorrentes do presente incidente.

Termos em que, protestando por todo o gênero de provas, mormente pericial e depoimento pessoal da Requerida sob pena de confesso, requer sua citação para, na forma do art. 802 do CPC contestar, querendo, o pedido, sob as penas do art. 803 do mesmo diploma legal.

Valor para pagamento da taxa judiciária: R$ .....

P. deferimento.

Data e assinatura do advogado".

Notas: 1) V. item n. 348.

2) V. arts. 879 a 882 do CPC.

3) No processo trabalhista, o atestado é aceito apenas nas seguintes hipóteses do inciso I do art. 879 do CPC: penhora, arresto e sequestro.

4) É óbvio que somente quem é parte no Processo pode cometer atentado.

5) Não há atentado se ainda não há lide pendente.

6) Entendemos que não cabe medida liminar em atentado, como também oposição.

7) Da sentença em atentado cabe recurso ordinário para o Tribunal Regional do Trabalho.

8) Tem-se reconhecido, em doutrina, que pode haver coisa julgada material em atentado e ensejadora de ação rescisória.

9) A parte responsável pelo atentado, até a sua purgação, fica impedida de falar nos autos principais e, também, de recorrer.

CAPÍTULO XLIV
Procedimentos Especiais

467. Ação Declaratória

"MM. Juiz da .... Vara do Trabalho de ...

JOÃO DA SILVA, nascido aos .../.../..., filho de .... (nome da mãe), brasileiro, maior, casado, ... (profissão ou atividade), portador da carteira de identidade .... e da CTPS n. ....., série ....., inscrito no CPF/MF sob n. ...., residente e domiciliado em .... (endereço, cidade, estado), CEP ......, vem, por seu(s) advogado(s) infra-assinado(s), instrumento de mandato anexo (DOC n. 1), com escritório à .... tel. .... CEP ...., vem perante V. Exa. propor ação declaratória contra Banco das Pedras S/A (1º Réu) e Banco Calunga S/A (2º Réu), com agências nesta cidade, respectivamente, à Rua São Mateus n. 458 e Largo da Bica n. 89, pelas razões de fato e de direito que expõe em seguida:

1. É empregado da agência local do 1º Réu desde 2 de maio de 1979, percebendo, atualmente, salário de R$ 890,00.

2. Em 1993, licenciou-se do emprego para desempenhar suas funções de presidente do Sindicato dos Bancários desta cidade.

Entrementes, o 1º Réu, devidamente autorizado pelo Banco Central, transferiu para o 2º Réu a agência local.

Tendo terminado seu mandato sindical, o Autor apresentou-se à gerência dessa agência, no que foi impedido por seu gerente.

Afirmou ao Autor que não era empregado do 2º Réu, mas do 1º; este, por seu turno, afirma o contrário.

Quanto ao Autor, está firmemente convencido de que perdura a relação empregatícia com o 2º Réu, como sucessor do 1º.

3. Posto isto, vem propor a presente ação declaratória para apurar quem é, realmente, seu empregador.

4. Requer a citação dos Réus para que compareçam à audiência a ser designada e protesta pela produção de prova testemunhal, documental e pericial.

Valor da causa: R$ .....

Data e assinatura do advogado".

Notas: 1) V. item n. 349.

2) V. arts. 4º, 5º e 369 do CPC.

3) De modo geral, a ação declaratória não pode ser utilizada para provar existência de um fato, ressalvado o caso de autenticidade ou falsidade de um documento.

4) A sentença na declaratória vale como preceito; não é título judicial para execução forçada.

5) Da sentença cabe recurso ordinário para o Tribunal Regional do Trabalho.

468. Ação Declaratória Incidental

"MM. Juiz da .... Vara do Trabalho de ...

JOÃO DA SILVA, nascido aos .../.../..., filho de .... (nome da mãe), brasileiro, maior, casado, ... (profissão ou atividade), portador da carteira de identidade .... e da CTPS n. ....., série ....., inscrito no CPF/MF sob n. ...., residente e domiciliado em .... (endereço, cidade, estado), CEP ......, vem, por seu(s) advogado(s) infra-assinado(s), instrumento de mandato anexo (DOC n. 1), com escritório à .... tel. .... CEP ...., vem perante V. Exa. propor ação declaratória incidental contra FELIPE SÁ S/A, estabelecida à Avenida Borges 151, CEP ..., pelos razões de fato e de direito que aduz a seguir.

1. Presta serviços à Ré desde 1970, sendo estável.

Propôs o Autor ação perante essa MM. Vara do Trabalho para cobrança de sua participação nos lucros da Ré desde 1989, ano em que lhe foi concedida essa vantagem, como o prova o documento anexo.

Na defesa, a Ré afirmou ter o Autor direito à participação nos lucros a partir de 1992.

2. É esta ação declaratória incidental para apurar-se, de modo definitivo, a data em que o Autor passou a ter direito à sobredita participação.

3. Requer a citação da Ré para comparecer à audiência a ser designada por V. Exa. sob pena de confesso.

Requer, outrossim, a produção de prova testemunhal e pericial.

Valor da causa: .....

Data e assinatura do advogado".

Notas: 1) V. item 349.

2) Para o Reclamado, no processo do trabalho, o momento processual para propor ação declaratória incidental é a contestação; para o Reclamante, é depois da contestação do Reclamado.

469. Ação de Consignação em Pagamento

"MM. Juiz da .... Vara do Trabalho de ...

FELIPE SÁ S/A, estabelecida nesta cidade à Avenida dos Anjos n. 478, CEP ..., CNPJ ..., por seu advogado infra-assinado (v. instrumento procuratório anexo), vem propor ação de consignação em pagamento contra JOÃO DA SILVA, brasileiro, maior, viúvo, industriário, residente na Rua Pau Grande n. 980, CEP ..., em que provará:

1. O Réu é empregado da Autora desde 11 de maio de 1987.

No dia 14 de julho do ano em curso veio ele a falecer e, aí, apresentaram-se para receber o saldo de salário do falecido a esposa Maria Rita da Silva e Joana de Oliveira, sua concubina.

2. Quer a Autora depositar em Juízo a quantia de R$ ......, que será levantada por quem essa MM. Vara do Trabalho designar, depois de dar a indispensável e completa quitação.

Desse modo, a Autora não cairá em mora nem estará sujeita aos efeitos da correção monetária e juros moratórios.

3. Requer a citação das Rés para virem em audiência esclarecer a dúvida acima suscitada.

Protesta pelas provas permitidas em direito.

Valor da causa: R$ ....

Data e assinatura do advogado".

Notas: 1) V. item 350.

2) V. arts. 890 a 900 do CPC.

3) V. art. 335 do Código Civil.

4) São ocorrentes no processo de trabalho os seguintes casos de consignatória em pagamento: a) recusa-se o empregado a dar quitação na devida forma; b) se houver dúvida quem deve receber o crédito do empregado acometido de doença mental, ausente ou que venha a falecer.

5) No exemplo dado, a Autora deve depositar o devido ao empregado e deixar ao Juiz o encargo de decidir a quem cabe receber o dinheiro.

6) O prazo de contestação é de 10 dias.

7) Se o Réu der quitação ou se a sua recusa não for considerada legítima, terá ele de suportar as despesas processuais.

469.1. Consignação Extrajudicial em Pagamento

I – Ilmo. Sr. Gerente da agência n. ... do Banco ....

FELIPE SÁ S/A, estabelecida nesta cidade na rua ......n. .., CEP ...., CNPJ ....., por seu presidente Felipe Jabour Sá, residente nesta cidade na Avenida das Palmeiras n. ....CEP ..., vem expor e solicitar o seguinte:

1. Seu ex-empregado João da Silva, brasileiro, maior, casado, residente nesta cidade à rua das Melancias n. 47, CEP ... e portador da Carteira Profissional n. .... série ...., depois de 30 dias da sua dispensa, não veio receber verbas rescisórias no montante de R$ .... (por extenso).

2. Com fundamento no art. 890, § 1º, do Código de Processo Civil, vem o Requerente depositar nessa Agência a sobredita importância e colocá-la à disposição do Sr. João da Silva pelo tempo previsto em lei.

Saudações atenciosas.

Data e assinatura de Felipe Jabour Sá.

II – Ilmo. Sr. João da Silva

Vimos comunicar-lhe que, na agência do Banco ..., à rua .... e com fundamento no § 1º do art. 890 do Código de Processo Civil, está à sua disposição a importância de R$ ..... (escrever por extenso) relativa ao pagamento das seguintes verbas rescisórias:

a) salário de....... R$ .....

b) 13º salário proporcional (ao número de meses trabalhados no ano)

c) férias vencidas referentes ao período .....

d) à indenização prevista na Lei n. 8.036/90.

Tem V. Sa. 10 (dez) dias, a contar do recebimento desta, para manifestar sua recusa.

Data e assinatura de Felipe Jabour Sá.

Notas: 1) A fim de dar cumprimento ao disposto nos parágrafos do art. 890 do CPC, deve a empresa efetuar o depósito, em Banco oficial onde houver, do que deve ao empregado e, em seguida, enviar-lhe a carta do modelo *supra*, com aviso de recepção.

2) O prazo de 10 dias para o empregado declarar sua recusa ao pagamento é contado a partir da data em que receber a referida carta. Se receber a carta e deixar escoar aquele prazo sem manifestar sua recusa, a empresa vai considerar cumprida sua obrigação.

3) No caso de recusa, a empresa levanta o depósito feito, se, no prazo de 30 dias, propuser da ação de consignação em pagamento

4) Caso o empregado conte mais de um ano de serviço, é indispensável a comunicação ao sindicato representativo do empregado para que o assista no levantamento do sobredito depósito.

5) Se analfabeto o empregado, a própria empresa poderá entregar-lhe a carta em questão, depois de lê-la diante de duas testemunhas.

6) V. item 350.1.

470. Ação de Prestação de Contas

"MM. Juiz da .... Vara do Trabalho de ...

JOÃO DA SILVA, nascido aos ../../.., filho de .... (nome da mãe), brasileiro, maior, casado, ... (profissão ou atividade), portador da carteira de identidade .... e da CTPS n. ....., série ....., inscrito no CPF/MF sob n. ...., residente e domiciliado em .... (endereço, cidade, estado), CEP ......, vem, por seu(s) advogado(s) infra-assinado(s), instrumento de mandato anexo (DOC n. 1), com escritório à .... tel. .... CEP ...., vem perante V. Exa. propor ação de prestação de contas, com fundamento nos arts. 914 a 920 do CPC, contra FELIPE SÁ S/A, estabelecida à Avenida Limoeiros n. 234, CEP ..., pelas razões de fato e de direito que aduz em seguida:

1. Foi o Autor empregado da Ré até o dia 1º do corrente.

Dispensado imotivadamente, procurou prestar contas da sua última visita aos clientes da área que lhe fora reservada como caixeiro-viajante.

Recebeu o pagamento de várias faturas e realizou despesas, ficando um saldo de R$ 2.689,00 a favor da Ré (v. documentos ns. ...... a .... e demonstração contábil em anexo).

2. Malogrou a tentativa feita pelo Autor para prestar contas à Ré.

3. Requer a citação da Ré para vir defender-se audiência sob pena de confesso e se, a final, julgadas boas as contas do Autor, seja a Ré condenada ao pagamento de custas e honorários advocatícios.

Protesta pela produção de provas pericial e testemunhal.

Valor da causa: R$ 1.000,00

Data e assinatura do advogado".

Notas: 1) V. item 351.

2) V. arts. 914 a 920 do CPC.

3) A natureza da ação do exemplo não admite reconvenção.

4) A ação *supra* pressupõe créditos líquidos.

5) A sentença pode ser impugnada por meio de recurso ordinário ao Tribunal Regional do Trabalho.

471. Ação Possessória

"MM. Juiz da .... Vara do Trabalho de ...

FELIPE SÁ S/A, estabelecida nesta cidade à Avenida das Flores n. 567, CEP ..., CNPJ ..., por seu advogado infra-assinado (v. instrumento procuratório anexo), expor e, a final, requerer o seguinte:

1. JOÃO DA SILVA, brasileiro, maior, químico, viúvo, residente à Avenida das Flores n. 400, prestou serviços à Reclamante até o dia 1º do corrente, quando o dispensou, pagando-lhe regularmente todas as verbas indenizatórias (v. documentos ns. 2 a 8).

2. Para facilitar a realização do seu trabalho na Reclamante, o Reclamado foi autorizado a morar num imóvel situado junto ao estabelecimento da Reclamante.

Por ocasião de sua dispensa, o Reclamado recusou-se a desocupar o imóvel pertencente à Reclamante.

Com essa atitude, o Reclamado está dificultando a sua substituição por outro técnico.

3. Em face do exposto, vem a Reclamante requerer a decretação do despejo do Reclamado dentro do prazo máximo de 60 dias, prazo mais que razoável para ele obter nova moradia.

4. Requer a notificação do Reclamado para vir defender-se em audiência, sob pena de confesso.

Protesta a Reclamante pela produção de provas testemunhal, documental e pericial.

Valor da causa: R$ 1000,00

Data e assinatura do advogado".

Notas: 1) V. item 352.

2) A doutrina e a jurisprudência ainda vacilam em reconhecer a competência da Justiça do Trabalho para conhecer o feito do exemplo.

3) Cabe à Justiça comum conhecer a causa se o empregado pagava aluguel.

472. Mandado de Segurança Individual

"Exmo. Sr. Presidente do ... Tribunal Regional do Trabalho

FELIPE SÁ S/A, estabelecida nesta cidade à Avenida dos Periquitos n. 459, CEP ..., CNPJ ..., por seu advogado infra-assinado (v. instrumento procuratório anexo), com escritório à Rua Sete de Abril n. 345, 5º andar, tels. 255-4412 e 257-8009, vem propor ação de mandado de segurança contra o Juiz da MM. ... Vara do Trabalho, em razão de violação de direito líquido e certo da Impetrante, como se demonstra e prova a seguir.

1. JOÃO DA SILVA, brasileiro, maior, casado, comerciário, residente nesta cidade à Rua Beira-Mar n. 965, apartamento n. 67, CEP ..., propôs perante a MM. ... Vara do Trabalho, Impetrada, ação trabalhista para: anular o ato rescisório do seu contrato de trabalho; provar que era estável no emprego e postular sua reintegração no emprego.

Foi-lhe deferida medida liminar de reintegração no emprego (v. xerocópias autenticadas docs. .... a ....).

2. Só numa hipótese a Consolidação das Leis do Trabalho prevê e legitima a concessão de medida liminar de reintegração no emprego: no inciso IX do art. 659, é o titular de uma Vara do Trabalho autorizado a conceder medida liminar "até decisão final do processo, em reclamações trabalhistas que visem a tornar sem efeito transferência disciplinada pelos parágrafos do art. 469 da CLT".

Remansosa jurisprudência dos Tribunais do Trabalho vem-se orientando no sentido de considerar prejulgada ação em que se defere medida liminar tendo por objeto situação diferente daquela indicada no inciso IX do art. 659 do Estatuto Obreiro.

As ementas dos seguintes acórdãos do TST comprovam o que se vem de alegar:

'...'

'...'

'...'

Causa perplexidade a v. decisão mencionada do órgão judicial ordenando a recondução do empregado depois de feita a prova de que ele optara pelo Fundo de Garantia do Tempo de Serviço muito antes de se completar o decênio da estabilidade.

3. É de toda a evidência que o Impetrado, com o seu ato concessivo de liminar, violou o princípio constitucional que assegura o duplo grau de jurisdição e os arts. .... da CLT e do CPC.

4. Em face de todo o exposto, a Impetrante, com fundamento no inciso III do art. 7º da Lei n. 12.016/09, requer seja expedido mandado *initio litis* suspendendo a execução do que foi determinado pelo Impetrado.

Concedida a liminar, prossiga o feito seu curso com a notificação da autoridade impetrada e coatora para prestar informações no prazo de 10 dias, ouvido o Ministério Público do Trabalho.

Valor da causa: R$ ....

Data e assinatura do advogado".

Notas: 1) V. item 353.

2) incisos XXXV e LXIX do art. 5º da Constituição Federal.

3) V. Lei n. 12.016, de 7 de agosto de 2009 (DOU 10.8.09) – Lei do Mandado de Segurança. -

4) A petição inicial deve ser com uma cópia e os documentos que instruíram o original.

5) O prazo para impetração do mandado é de 120 dias a contar da data da prática do ato reputado violador de direito líquido e certo.

6) Tem-se admitido o mandado de segurança mesmo nos casos de ato judicial do qual caiba recurso quando ficar provado que este último não impedirá prejuízo iminente e considerável ao impetrante.

7) Decisão denegatória da segurança não faz coisa julgada contra o Impetrante e, por isso, não impede ação própria.

8) Na forma do art. 678, I,b, n. 3, da CLT, o mandado de segurança é de competência originária do TRT. Nos tribunais em que não existam Grupo de Turmas ou Seção Especializada, a competência para julgá-lo é do Pleno.

9) A procuração para o advogado deve ter poderes específicos para o ajuizamento do Mandado de Segurança

473. Mandado de Segurança Coletivo

"Exmo. Sr. Presidente do Tribunal Regional Federal

O SINDICATO DO METALÚRGICOS DESTA CIDADE, com sede à Avenida Miraflores n. 234, CEP ..., por seu advogado infra-assinado (v. instrumento procuratório), com escritório à Rua Sete de Abril n. 345, 5º andar, tels. 255-4412 e 257-8009, vem, com fundamento no inciso LXX do art. 5º da Constituição Federal, impetrar mandado de segurança coletivo contra o Sr. Delegado Regional do Trabalho, sediado à Rua Lagoa Santa n. 345, CEP ..., pelas razões de fato e de direito expostas a seguir.

1. No dia 10 de maio do ano em curso, a autoridade coatora baixou portaria proibindo o funcionamento de todas as empresas metalúrgicas depois das 16 horas (v. cópia autêntica da Portaria n. ...).

Acontece que há empresas com dois e algumas com três turnos de trabalho.

Dessarte, todos os membros da categoria representada pelo Impetrante sofrerão sérios prejuízos de natureza salarial e muitos ficarão sem condições de trabalhar.

2. O ato do Impetrado ofende o princípio constitucional que assegura a liberdade de trabalho (inciso XIII do art. 5º da CF).

De outra parte, inexiste lei que empreste legitimidade ao ato de responsabilidade do Impetrado e assim há ofensa, também, ao inciso II do mesmo dispositivo constitucional.

3. Em face de todo o exposto pede, liminarmente, a suspensão do ato baixado pelo Impetrado, prosseguindo-se no feito com a sua notificação a fim de prestar informações dentro do prazo legal e, a final, declarar-se a nulidade da portaria em tela.

Valor da causa: R$ ....

Data e assinatura do advogado".

Notas: 1) V. item 354.

2) A rigor, o mandado de segurança nada tem que ver, diretamente, com o processo do trabalho. Nessas mesmas condições se encontram outros procedimentos especiais que enfocamos neste Capítulo. Mas é indubitável que todos eles se prendem a incidentes processuais de interesse ora do empregado, ora do empregador. Fica, assim, explicada a inserção, nesta obra, dos procedimentos analisados nestas páginas.

3) A lei n. 12.016, de 7.8.09 disciplina o mandado de segurança individual e coletivo.

4) A procuração para o advogado deve ter poderes específicos para o ajuizamento do Mandado de Segurança

474. Habeas Data

"Exmo. Sr. Dr. Presidente do Tribunal Regional Federal

FELIPE SÁ S/A, estabelecida nesta cidade à Rua São Paulo n. 345, CEP ... CNPJ ..., por seu advogado infra-assinado (v. procuração em anexo), com escritório à Rua Sete de Abril n. 345, 5º andar, tels. 255-4412 e 257-8009, vem, com apoio no inciso LXXII do art. 5º e no inciso VIII do art. 109 da Constituição, contra ato do Sr. Delegado Regional do Trabalho que lhe recusou o fornecimento, por cópia, do laudo oficial concluindo que inexiste em sua empresa risco grave e iminente para o trabalhador, a que faz menção o art. 161 da Consolidação das Leis do Trabalho (v. ofício com essa comunicação em anexo).

2. Provada a recusa do Requerido em fornecer documento de interesse da Requerida, pede a concessão liminar de *habeas data* que obrigue o Sr. Delegado Regional do Trabalho que lhe forneça a certidão já indicada, sob pena de desobediência.

Requer, outrossim, sejam requisitadas informações do Sr. Delegado Regional do Trabalho sobre os motivos da sua decisão.

Valor para o efeito de pagamento da taxa judiciária: R$ ....

Data e assinatura do advogado."

Notas: 1) V. item 355.

2) O pedido de *habeas data* tem de ser acompanhado de prova de que a autoridade se recusou a prestar a informação de interesse do Requerente.

3) O *habeas data* foi regulado pela Lei n. 9.507, de 12 de novembro de 1997.

475. Mandado de Injunção

"Exmo. Sr. Presidente do Supremo Tribunal Federal

JOÃO DA SILVA, brasileiro, maior, casado, engenheiro, residente em São Paulo, Estado do mesmo nome, à Rua das Vergônteas n. 345, CEP ......, portador da Carteira de Trabalho série ...., n. ....., por seu advogado infra-assinado (v. procuração anexa), com escritório à Rua Sete de Abril n. 345, 5º andar, na mesma cidade, tels. 255-4412 e 257-8020, vem impetrar mandado de injunção contra o Congresso Nacional, representado por seu Presidente, Senador ...., pelas razões de fato e de direito que aduz a seguir.

1. É o Impetrante empregado graduado da empresa ...., situada à ...., percebendo salário equivalente a 50 salários mínimos.

A empresa a que presta serviços é próspera e, a cada ano, seus lucros são vultosos.

2. O inciso XI do art. 7º da Constituição Federal assegura ao trabalhador "participação nos lucros, ou resultados, desvinculada da remuneração e, excepcionalmente, participação na gestão da empresa, conforme definido em lei".

Decorridos mais de cinco anos o Legislativo Federal não decidiu regulamentar o supracitado inciso constitucional, sem embargo dos numerosos Projetos de Leis nele oferecidos pelos parlamentares.

3. Configurado o prejuízo sofrido pelo Autor e com fundamento no inciso LXXI do art. 5º e no § 2º do art. 103, ambos da Constituição Federal, requer sejam pedidas informações ao Requerido e, a final, declarada a inconstitucionalidade por omissão de medida para tornar efetiva norma constitucional, se lhe dê ciência para a adoção das providências necessárias.

Valor da causa: R$ ....

Data e assinatura do advogado".

Notas: 1) V. item 356.

2) O inciso constitucional relativo ao mandado de injunção ainda não foi regulamentado, nem por isso o Supremo Tribunal Federal tem deixado de conhecer ações de mandado de injunção, o que significa dizer que ele considera auto-aplicável o inciso LXXI do art. 5º da Constituição.

3) Trata-se de medida judicial que, quando muito, serve para o Poder Judiciário dizer ao Legislativo que, no caso do exemplo, está displicente. Releva notar que muitos dispositivos constitucionais ainda aguardam regulamentação legal.

476. Habeas Corpus

"Exmo. Sr. Presidente do Tribunal Regional do Trabalho

FELIPE SÁ, brasileiro, viúvo, industrial, residente nesta cidade à Avenida Primavera n. 345, apartamento n. 101, CEP ..., por seu advogado infra-assinado (v. procuração anexa), com escritório à Rua Sete de Abril n. 345, 5º andar, tels. 255-4412 e 257-9009, vem impetrar *habeas corpus* por ter sido ilegalmente preso por determinação do MM. Juiz da .... Vara do Trabalho desta cidade.

1. Como diretor de Felipe Sá S/A, estabelecida à Rua dos Palamares n. 987, CEP ...., CNPJ ... foi nomeado depositário dos bens descritos e pertencentes àquela empresa e penhorados no processo do trabalho de n. 457/93, tendo como Reclamante João da Silva.

2. Acontece que parte desses bens (os assinalados a vermelho na lista anexa) foi furtada a .... de ...... como o prova a certidão fornecida pela 2ª Delegacia de Polícia desta cidade (v. documento n. ...).

Por petição, deu ciência da ocorrência à autoridade já nomeada (v. cópia autenticada com protocolo de recepção).

3. Insatisfeito com a prova produzida sobre o ocorrido, o MM. Juiz da Vara do Trabalho decretou a prisão do Requerente.

4. Dessarte, com fundamento no inciso LXVIII do art. 5º e inciso VII do art. 109, ambos da Constituição Federal, e 10 e 647 e seguintes do Código de Processo Penal, vem requerer a concessão da ordem de *habeas corpus* e a expedição do competente alvará de soltura em favor do Requerente por ser de Direito e de JUSTIÇA.

Data e assinatura do advogado".

Notas: 1) V. item 357.

2) No processo do trabalho é impetrável o *habeas corpus* em três situações: a) prisão de testemunha que desobedeceu à intimação na qual se cominara essa sanção; b) prisão de depositário fiel (que é o do exemplo); c) prisão por desacato à autoridade, em audiência.

477. *Ação Rescisória*

"Exmo. Sr. Dr. Juiz Presidente do Tribunal Regional do Trabalho

FELIPE SÁ S/A, estabelecida nesta cidade à Avenida dos Coqueiros n. 5678, CEP ..., CNPJ ...., por seu advogado infra-assinado (v. instrumento procuratório anexo), com escritório à Rua Sete de Abril n. 345, 5º andar, tels. 255-4412 e 257-8009, CEP ..., vem propor ação rescisória em relação à sentença proferida no Processo n. ......, que tramitou na ... Vara do Trabalho desta Capital, no qual figurou como Reclamante JOÃO DA SILVA, brasileiro maior, casado, industriário, residente à Rua das Violetas n. 459, apartamento 93 e, como reclamada, a Autora que, para ver acolhido seu pedido, apresenta suas razões de fato e de direito.

1. No processo supracitado, João da Silva apresentou documento firmado por um ex-Gerente de Recursos Humanos da Autora declarando que jamais optara pelo Fundo de Garantia por Tempo de Serviço.

Em razão dessa declaração, teve a Autora de aceitar a alegação de que seu empregado era estável e, decorrentemente, não podia dispensá-lo sem inquérito para apuração de falta grave.

A sentença de mérito – que passou em julgado –, entendendo haver séria incompatibilidade entre as partes, converteu em indenização dobrada a reintegração do empregado.

2. Com a substituição do titular da Gerência de Recursos Humanos, descobriu-se que João da Silva era optante do FGTS desde 2 de janeiro de 1972, como o provam os documentos anexos.

3. O processo trabalhista, em que se prolatou a sentença que aqui se quer desconstituir, já se encontra na fase de execução e, dentro em pouco, haverá a arrematação dos bens da Autora que foram penhorados.

4. Provado – como está e abundantemente – que a sentença de mérito se fundou em documento ideologicamente falso e em dolo do ex-empregado JOÃO DA SILVA, desenhou-se a hipótese prevista nos incisos III e VI do art. 485 do Código de Processo Civil.

5. Pede a Autora:

a) a rescisão da sentença proferida no Processo n. ...... e novo julgamento para reconhecer-se que João da Silva tinha apenas direito à indenização prevista na Lei n. 8.036, de 11 de maio de 1990, e levantamento dos valores existentes em sua conta vinculada;

b) citação do Réu João da Silva para vir defender-se nesta ação sob pena de confesso.

Valor da causa: R$ .....

Data e assinatura do advogado".

Notas: 1) V. item n. 358

2) V. arts. 836 da CLT e 485 do CPC.

3) É de dois anos o prazo para propositura da rescisória, a contar da data em que passou em julgado a sentença de mérito.

4) A rescisória pode objetivar parte da sentença de mérito.

5) Têm legitimidade para propor a rescisória: a) quem foi parte no processo originário; b) terceiro juridicamente interessado; e c) o Ministério Público quando deixou de atuar no processo nos termos exigidos por Lei.

6) Exige-se o depósito de 20% na ação rescisória perante a Justiça do Trabalho.

Esse depósito prévio não se aplica à União, ao Estado, ao Município e ao Ministério Público, como se infere da leitura do parágrafo único do art. 488, do CPC. Registre-se que o art. 24-A, da Lei n. 9.028/95, dispensa a União, suas autarquias e fundações da realização do depósito prévio e a multa em ação rescisória.

O STF editou a Súmula n. 175 onde ficou consignado que "descabe o depósito prévio nas ações rescisórias do INSS".

7) O valor da causa, na rescisória, é o da sentença principal devidamente corrigido.

8) A regra é o não-sobrestamento da execução devido à rescisória, mas, na iminência de grave dano irreparável e sendo robusta a prova produzida, têm os Tribunais concedido medida cautelar na espécie.

9) A procuração para o advogado deve ter poderes específicos para o ajuizamento da Ação Rescisória

Índice Analítico e Remissivo
Parte Prática

Modelos de Petições

Índice Analítico e Remissivo
PARTE PRÁTICA

MODELOS DE PETIÇÕES

Os algarismos indicam os itens

Ação de consignação em pagamento, 469
Ação de cumprimento, 428
Ação de prestação de contas, 470
Ação declaratória, 467
Ação declaratória incidental, 468
Ação. Desistência da, 374.3
Ação possessória, 471
Ação rescisória, 477
Acidentado do trabalho. Despedida imotivada, 385
Adicional de insalubridade e revisão da sentença, 409
Adjudicação, 451
Advogado. Renúncia, 377
Advogados e procurações, 375
Agravo de instrumento, 433
Agravo de petição, 450
Agravo regimental, 435
Ampliação da penhora, 447
Anotação de Carteira de Trabalho. Defesa na reclamação, 407
Antecipação da tutela, 390.1
Arresto, 456
Arresto. Contestação do pedido, 457
Ata de reunião da Comissão de Conciliação Prévia, 379
Atentado, 466
Avaliação de bens penhorados. Nova, 454
Avaliador. Suspeição, 455
Busca e apreensão, 460
Carência de ação, 401
Carta de preposto, 398
Carta precatória de testemunhas, 413
Carta precatória e penhora, 448
Carteira de Trabalho. Defesa de reclamação na anotação, 407
Carteira de Trabalho. Reclamação na Justiça do Trabalho, 408
Carteira. Anotação. Reclamação na SRT (ex-DRT), 406
Caução, 459
Cautelar inominada no dissídio coletivo, 427
Comissão de Conciliação Prévia. Ata de reunião, 379

Comissão de Conciliação Prévia. Reclamação, 378
Compensação e defesa, 410
Conciliação, 411
Conciliação. Declaração sobre a frustração na CCP, 381
Conciliação. Termo na Comissão de Conciliação Prévia, 380
Confissão. Retratação da confissão, 412
Conflito de competência, 396
Consignação em pagamento, 469
Consignação extrajudicial de pagamento, .469.1
Conta de liquidação da sentença. Aceitação, 442
Conta de liquidação da sentença. Impugnação, 441
Contradita de testemunha, 414
Contrato de honorários, 376
Decadência e prescrição, 405
Defesa do sindicato patronal no dissídio coletivo, 415
Defesa e arguição de exceção, 399
Defesa e compensação, 410
Defesa e decadência, 405
Defesa e prescrição, 404
Defesa e reconvenção, 400
Desistência da ação, 390.3
Desistência de execução, 448.1
Despedida de acidentado do trabalho, 385
Despedida do diretor-empregado, 386
Despedida de empregada gestante, 384
Despedida de empregado-dirigente sindical, 383
Despedida sem motivo justo, 382
Diretor-empregado. Despedida injusta, 386
Dirigente sindical-empregado. Despedida, 383
Dirigente sindical. Dispensa justificada, 383.1
Dirigente sindical. Liminar de reintegração, 390.2
Dispensa justificada de dirigente sindical, 383.1
Dissídio coletivo. Embargos de declaração, 430.1
Dissídio coletivo. Cautelar inominada de efeito suspensivo, 427
Dissídio coletivo. Litigância de má-fé, 19.3
Dissídio coletivo. Defesa patronal, 425

Dissídio coletivo. Oposição, 429
Dissídio coletivo. Recurso, 426
Dissídio coletivo. Representação para instauração, 424
Edital. Notificação, 395
Efeito suspensivo em dissídio coletivo, 427
Embargos, 434
Embargos à execução, 449
Embargos de declaração, 423
Embargos de declaração em dissídio coletivo, 430.1
Embargos de terceiro, 453
Embargos infringentes, 430
Empregada gestante despedida sem motivo justo, 384
Equiparação salarial. Pedido, 388
Exceção. Defesa e arguição, 399
Execução por quantia certa, 444
Execução provisória, 443
Exibição, 461
Falência do empregador. Reclamação trabalhista, 392
Falta grave. Inquérito para apuração, 389
Habeas corpus, 476
Habeas data, 474
Honorários de perito. Pagamento, 421
Honorários periciais, 420
Honorários. Contrato, 376
Horas extras. Reclamação, 397
Ilegitimidade da substituição processual, 403
Impugnação da conta de liquidação da sentença, 441
Impugnação do valor da causa, 402
Incidente de falsidade, 418
Inquérito para apuração de falta grave, 389
Interpelação, 465
Julgamento antecipado da lide, 391
Justificação, 462
Lide. Julgamento antecipado, 391
Liminar de reintegração de dirigente sindical, 390.2
Liquidação de sentença por arbitramento, 439
Liquidação de sentença por artigos, 440
Liquidação de sentença por cálculo, 437
Liquidação de sentença por cálculo do contador, 438
Litigante de má-fé, 421.1
Mandado de injunção, 475
Mandado de segurança coletivo, 473
Mandado de segurança individual, 475
Nomeação de bens à penhora, 445
Nomeação de bens à penhora. Impugnação, 446
Notificação, 464
Notificação por edital, 395
Notificação por mandado, 394

Oposição no dissídio coletivo, 429
Penhora e carta precatória, 448
Penhora. Ampliação da, 447
Penhora. Nomeação de bens, 445
Perícia, 419
Perícia antecipada, 417
Perito. Pagamento de honorários, 421
Petição inicial. Erro grave, 390
Preposto. Carta, 398
Prescrição e defesa, 404
Prestação de contas, 470
Procurações e advogados, 375
Produção antecipada de prova testemunhal, 416
Procuração. Substabelecimento, 375
Protesto, 463
Prova testemunhal. Produção antecipada, 416
Razões finais, 422
Reclamação na Comissão de Conciliação Prévia, 378
Reclamação por anotação da Carteira de Trabalho da SRT, 406
Reclamação por horas extras, 397
Reclamação trabalhista e falência do empregador, 392
Reconvenção e defesa, 400
Recurso adesivo, 431.1
Recurso de revista, 432
Recurso extraordinário, 436
Recurso no dissídio coletivo, 426
Recurso ordinário, 431
Recurso ordinário adesivo, 431.1
Reintegração de dirigente sindical, 390.2
Remição, 451
Renúncia do advogado, 377
Representante comercial empregado. Despedida, 387
Retratação da confissão, 412
Revisão de sentença e adicional de insalubridade, 409
Sequestro, 458
Substabelecimento da procuração, 375
Substituição de testemunhas, 415
Substituição processual. Ilegitimidade, 403
Suspeição do avaliador, 455
Terceiro. Embargos, 453
Termo de conciliação na Comissão de Conciliação Prévia, 380
Testemunha. Contradita, 414
Testemunhas. Precatória, 413
Testemunhas. Substituição, 415
Transferência de empregado e liminar, 393
Tutela. Antecipação, 390.1
Valor da causa. Impugnação, 402

Produção Gráfica e Editoração Eletrônica: LINOTEC
Projeto de Capa: FÁBIO GIGLIO
Impressão: ORGRÁFIC GRÁFICA E EDITORA

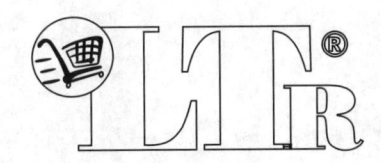

LOJA VIRTUAL	BIBLIOTECA DIGITAL	E-BOOKS
www.ltr.com.br	www.ltrdigital.com.br	www.ltr.com.br